C.H.BECK WISSEN

In Irak und Syrien führte der jahrhundertealte Konflikt zwischen Schiiten und Sunniten, den größten Glaubensrichtungen im Islam, zu einem blutigen Religionskrieg. Wie kam es zu dieser Zuspitzung, und wie überhaupt zu der Spaltung des Islams? Heinz Halm beschreibt allgemeinverständlich die Glaubensvorstellungen der Schiiten und ihre mehr als 1300 Jahre alte religiöse Tradition, deren Kern Bußprozessionen und Passionsspiele sind. Von hier aus macht er den Zusammenhang zwischen der Religion der Schiiten und ihrem politischen Anspruch in der Gegenwart deutlich.

Heinz Halm war Professor für Islamwissenschaft an der Universität Tübingen und gilt international als einer der besten Kenner des schiitischen Islams. Bei C.H.Beck erschienen von ihm u. a. «Kalifen und Assassinen. Ägypten und der Vordere Orient zur Zeit der ersten Kreuzzüge» (2014) sowie in C.H.Beck Wissen «Der Islam» (10. Aufl. 2015) und «Die Araber» (5. Aufl. 2017).

Heinz Halm

DIE SCHIITEN

Verlag C.H.Beck

1. Auflage. 2005
2., überarbeitete und aktualisierte Auflage. 2015

Mit 3 Abbildungen und 1 Karte

3., aktualisierte Auflage. 2017

Originalausgabe

Satz, Druck und Bindung: Druckerei C.H.Beck, Nördlingen
Umschlagentwurf: Uwe Göbel, München
Umschlagabbildung: Kuppel der Moschee in Kufa, Irak:
Ein Kämpfer der Miliz des radikal-schiitischen Geistlichen Muqtadâ as-Sadr bewacht während des Freitagsgebets am 20. August 2004 die Moschee. © Ali Jasim/Reuters
Printed in Germany
ISBN 978 3 406 71006 3

www.chbeck.de

Inhalt

Einleitung

Vor fünfundzwanzig Jahren erst sind die Schiiten ins Bewußtsein einer breiteren Öffentlichkeit getreten, als 1979 schiitische Revolutionäre den Schah von Persien stürzten, die Islamische Republik Iran errichteten und sogleich die Auseinandersetzung mit dem Westen suchten. Schon bald traten weitere Konflikte im Nahen Osten hinzu, in die Schiiten verwickelt waren: der Bürgerkrieg im Libanon, in den die Schiiten des Landes nach der israelischen Invasion 1982 militärisch eingriffen; der Bürgerkrieg in Afghanistan, an dem sich auch schiitische Mudschâhedîn beteiligten; der Konflikt um Berg-Qarâbâgh, in dem sich christliche Armenier und schiitische Aserbeidschaner gegenüberstanden, und die Aufstände der Schiiten des südlichen Irak gegen Saddâm Hussein nach dem zweiten Golfkrieg 1991 und 1999. Nach dem Sturz Saddâm Husseins durch die amerikanisch-britische Intervention 2003 wurde plötzlich deutlich, daß die Schiiten die Mehrheit der irakischen Bevölkerung stellen und einen entsprechenden Anteil an der Macht in einem künftig unabhängigen Irak beanspruchen.

Während die Schiiten als politische Akteure in den Vordergrund rückten, blieben ihre Glaubensvorstellungen und ihre mehr als dreizehn Jahrhunderte alte religiöse Tradition weitgehend im Dunkel. Allenfalls sah man Bilder von Geißlern, die sich den Rücken blutig schlugen oder sich die Stirnen mit Schwertern zerhackten. Die verstörenden Bilder suggerierten die Vorstellung von etwas total Fremdem, Unverständlichem, dem man mit Adjektiven wie «mystisch» oder «irrational» beizukommen versuchte; das Schiitentum erschien als eine besonders bedrohliche Spielart des ohnehin als fanatisch verschrieenen Islams. Was vor allem unerklärt blieb, war der Zusammenhang zwischen der Religion der Schiiten und ihrem revolutionären Aufbruch von 1978/79, wenn auch ein solcher Zusammenhang allgemein als selbstverständlich unterstellt wurde: in Iran – so schien es – hatte *der schiitische Islam* eine Revolution ausgelöst, und nicht etwa Iraner, die zufällig schiitischen Bekenntnisses waren.

Von der Dämonisierung der Schiiten, wie sie auf dem Höhepunkt der iranischen Revolution im Westen gang und gäbe war, hat sich inzwischen einiges verflüchtigt. Der Aufstand der irakischen Schiiten gegen Saddâm Hussein hat sogar zeitweilig in den Medien die gewohnten Freund-Feind-Bilder durcheinandergebracht, wenn sich auch bald bei westlichen Politikern und Kommentatoren die alte, vage Furcht vor einer schiitischen Expansion wieder durchsetzte: man sah lieber einen geschwächten Saddâm, der aber den Irak zusammenhielt, als einen von den Iranern dominierten Schiitenstaat im Südirak. Auch nach dem Sturz des Diktators ist die Unsicherheit westlicher Beobachter nicht verschwunden; zwar differenzierte man zunächst zwischen «radikalen» und «gemäßigten» Schiitenführern, doch hat die rigoros pro-schiitische Politik des Ministerpräsidenten Nûrî al-Mâlikî (2006–2014) diese Unterschiede bald wieder verwischt.

Gegenstand des vorliegenden Buches ist indes weder die iranische Revolution noch die Nahostpolitik im allgemeinen, sondern die Religion der Schiiten. Bei der engen Verflechtung von Religion und Politik im Nahen Osten ist es jedoch unvermeidlich, daß die politischen Vorgänge immer wieder ins Zentrum der Betrachtung rücken. Die iranische Revolution ist natürlich auch ein Stück Geschichte des schiitischen Islams, und umgekehrt müßten die Vorgänge in Iran ohne Kenntnisse der Schia unverständlich bleiben. Dabei ist zu beobachten, daß die politischen Ereignisse auch die Religion selber verwandeln und ihre geschichtliche Entwicklung vorantreiben.

Die Schia ist so alt wie der Islam selber. Sie war jedoch stets eine Minderheit und meist in der Opposition, gelegentlich verfolgt, verachtet und unterdrückt. Ihre Geschichte hat ihr Weltbild und ihre Haltung zu Politik und Gesellschaft nachhaltig geprägt, und diese Haltung hat in den politischen Konflikten unserer Tage ihren Niederschlag gefunden.

Entstanden ist die Schia im Irak, der bis heute eines der Kernländer des schiitischen Islams ist. Im Irak haben sich die entscheidenden Ereignisse der schiitischen Passionsgeschichte abgespielt, hier liegen die Grabheiligtümer von sechs der zwölf Imame, und hier ist die Theologie der Schia im Mittelalter entwickelt worden. Die Schia ist also ursprünglich ein arabisches Phänomen, wie der Islam selber, und der weitaus größte Teil ihrer Literatur ist in arabischer Sprache abgefaßt, auch von iranischen Autoren; bis heute ist Arabisch die Sprache der schiitischen Theologen in aller Welt. Mehr als die Hälfte der Iraker sind Schiiten; sie leben vor allem im Süden des Landes (etwa 18 Millionen). In Iran hat sich die Schia mit der Gründung der arabischen Kolonie Qom schon im 8. Jahrhundert festgesetzt, doch blieben die Schiiten lange Zeit eine Minderheit; ihre Gemeinden fanden sich vor allem in den Städten des nordwestlichen Iran. Erst mit der Etablierung einer schiitischen Schah-Dynastie 1501 setzte in Iran eine systematische Politik der Schiitisierung ein, die gegen Ende des 17. Jahrhunderts abgeschlossen war. Von ihr waren auch die türkischsprachigen Bewohner Aserbeidschans betroffen: mehr als 8 Millionen Âzerîs in der Republik Aserbeidschan (85 % der Bevölkerung) und an die 7 Millionen Âzerîs in der gleichnamigen Nordprovinz Irans sind Schiiten. Iran hat mit 89 % seiner Bevölkerung den höchsten Schiiten-Anteil aller islamischen Länder (etwa 68 Mio.). Die Schiitengemeinden des Südlibanon und der libanesischen Biqâʿ-Ebene sind schon im 10. Jahrhundert bezeugt; sie stellen heute mit 30 % die zahlenmäßig bedeutendste Religionsgruppe des Landes (1,5 Mio.). Schiiten gibt es auch in den arabischen Staaten auf der westlichen Seite des Golfs, in Saudi-Arabien wie in den kleineren Golfstaaten Kuwait und Bahrain (zusammen etwa 2 Mio.). In Afghanistan sind die mongolischen Hezâra des zentralen Berglandes Schiiten, und auf dem indischen Subkontinent gibt es größere Inseln überwiegend schiitischer Bevölkerung im pakistanischen Pandschâb, in Indien um Audh nördlich des Ganges und um Haiderabad im zentralen Dekkan sowie im zwischen Indien und Pakistan umstrittenen Kaschmir; über die Zahl der indischen Schiiten liegen allerdings keine verlässlichen Schätzungen vor. Zusammen stellen die Schiiten geschätzte 10 bis 15 % der 1,6 Milliarden Muslime weltweit. Die Siedlungsgebiete der Schiiten bilden kein zusammenhängendes Territorium, und die Schiiten selber gehören verschiedenen ethnisch-sprachlichen Gruppen an; sie sind Araber, Iraner, türkische Âzerîs, mongolische Hezâra oder Inder.

Wenn hier und im folgenden von Schiiten die Rede ist, dann sind damit immer die «Imamiten» oder «Zwölfer» gemeint, die durch die politischen Ereignisse der letzten Jahre in die Schlagzeilen geraten sind. Die kleineren schiitischen Denominationen wie die Ismailiten des Agha Khan, die indischen Bohras, die jemenitischen Zaiditen, die syrischen Nusairî-Alawiten oder die Drusen werden hier nicht berücksichtigt. Im Mittelpunkt der folgenden Darstellung stehen die Passionsriten, die den eigentlichen Keim der Religiosität der Zwölfer-Schiiten ausmachen und über die allein der Zugang zum Verständnis ihrer wesentlichen Glaubensvorstellungen möglich ist.

I. Die zwölf Imame

Der Befehlshaber der Gläubigen 'Alî ibn Abî Tâlib (656–661)

Als der Prophet Muhammad im März des Jahres 632 von seiner letzten Mekka-Wallfahrt nach Medina zurückkehrte, rastete seine Karawane bei dem Teich von Chumm, etwa auf halbem Weg zwischen den beiden Städten. Hier soll sich am 16. März die folgende Szene abgespielt haben, deren die Schiiten bis heute mit einem Festtag gedenken: der Prophet sammelte seine Gemeinde um sich und sprach: «Habe ich nicht mehr Anspruch darauf, euch zu gebieten, als ihr selbst?», und als die Gemeinde freudig mit Ja antwortete, fuhr er fort: «Allen, denen ich gebiete, soll auch 'Alî gebieten!»

Die beiden Aussprüche des Propheten sind im arabischen Original mehrdeutig; sie sind hier bereits so übersetzt, wie die Schiiten sie interpretieren. Ein schiitischer Kommentator erläutert: «Indem der Prophet auf diese Weise Gehorsam gegenüber 'Alî verlangte und ihn zum Gebieter machte, forderte er für diesen dieselbe gebietende Stellung, die er selbst ihnen gegenüber eingenommen hatte; er befahl ihnen, dies anzuerkennen, und sie verweigerten ihre Anerkennung nicht. Dies ist eine eindeutige Designation 'Alîs als Imâm und Kalif».

Das arabische Wort *imâm* bedeutet «Gemeindeoberhaupt»; es ist von derselben Wortwurzel gebildet wie das Wort «Gemeinde» *(umma)*. *Chalîfa* dagegen bedeutet «Stellvertreter» oder «Nachfolger». Nach der Deutung, die die Schiiten der Szene am Teich von Chumm geben, hat also der Prophet, der sein Ende nahe wußte, 'Alî zu seinem Nachfolger als Oberhaupt der islamischen Gemeinde bestimmt.

'Alî ibn Abî Tâlib war Muhammads Vetter, der Sohn von dessen Onkel Abû Tâlib. Der früh verwaiste Muhammad war ins Haus dieses Onkels aufgenommen und dort aufgezogen worden; später, als der Onkel selbst verarmte, nahm Muhammad, um ihn zu entlasten, den jungen Vetter ʿAlî in seinen eigenen Haushalt auf. ʿAlî soll denn auch – nach Muhammads erster Ehefrau Chadîdscha – der erste gewesen sein, der die Botschaft des Propheten, den Islam, annahm. Als Muhammad im Jahre 622 gezwungen war, seine Heimatstadt Mekka zu verlassen und nach Medina überzusiedeln, folgte ihm ʿAlî wenig später dorthin. Nach schiitischer Überlieferung sicherte ʿAlî die heimliche Flucht des Propheten aus Mekka, indem er in dessen Kleidern auf dessen Bett schlief, so daß die verblüfften Mekkaner, die in das Schlafgemach eindrangen, um den Propheten zu töten, den Falschen vorfanden und ihren Plan gescheitert sahen.

Während der zehn Jahre, in denen Muhammad in Medina die Grundlagen des islamischen Staatswesens legte (622–632), war der Vetter sein engster Vertrauter, und durch die Heirat mit Muhammads Tochter Fâtima wurde er auch sein Schwiegersohn. Beim Einzug des Propheten in das eroberte Mekka (630) trug ʿAlî – nach schiitischer Überlieferung – das Banner; er war es, der den Jemen eroberte und zum Islam bekehrte, und als der Prophet seinen letzten Kriegszug gegen die Oasenstadt Tabûk in Nordarabien unternahm (Herbst 630), setzte er ʿAlî als seinen Stellvertreter *(chalîfa)* in Medina ein.

Als der Prophet am 8. Juni 632 starb, wurde indes nicht ʿAlî sein Nachfolger, sondern sein alter Gefährte Abû Bakr, der ihn einst auf dem Ritt ins Exil *(hidschra)* nach Medina begleitet hatte. Als Abû Bakr nach nur zweijährigem Kalifat starb, soll er einen weiteren Gefährten Muhammads, ʿUmar, als Nachfolger designiert haben. Während des zehnjährigen Kalifats ʿUmars (634–644) begann die militärische Expansion des arabischen Reiches im Namen des Islam auf Kosten der beiden damaligen Großmächte, des römisch-byzantinischen Imperiums und des Perserreichs der Sasaniden; binnen weniger Jahre wurden Palästina und Syrien, Ägypten und Mesopotamien (arabisch: al-ʿIrâq) erobert.

Nach ʿUmars Tod trat ein sechsköpfiges Wahlmännergremium *(schûrâ)* zusammen, das einen neuen Kalifen kürte: ʿUthmân aus dem mekkanischen Clan Umayya. Dem Wahlgremium gehörte auch ʿAlî als einer der einflußreichsten Prophetengefährten an; er war damals etwa 46 Jahre alt (geboren um 598). Der Wahl ʿUthmâns hat er sich nicht widersetzt, doch scheint er zu ihm in Opposition gestanden zu haben. In dem Gegensatz zwischen den beiden Männern werden die Spannungen sichtbar, die die islamische Urgemeinde wenig später in blutigen Auseinandersetzungen spalten sollten: ʿUthmân, der zwar auch ein verdienter Kampfgenosse des Propheten war, repräsentierte den Clan Umayya und damit die alte Stadtaristokratie von Mekka, die lange Zeit heidnisch geblieben war und dem Propheten das Leben schwergemacht hatte; nun hatte sie den Islam angenommen – als «Trittbrettfahrer» gewissermaßen – und schickte sich an, ihre alte Vormachtstellung im Rahmen des neuen islamischen Gemeinwesens abermals durchzusetzen. ʿAlî dagegen repräsentierte die Muslime der ersten Stunde, die Exilanten von Medina, sozusagen den religiösen Uradel, dessen Verdienste die frühzeitige Annahme des Islam und die Hidschra, das freiwillige Exil in Medina, gewesen waren.

Die Spannungen innerhalb der Gemeinde entluden sich 656 in einem Machtkampf, in dessen Verlauf der Kalif ʿUthmân in seinem Haus in Medina von Aufrührern ermordet wurde. Die Opposition erhob nun ʿAlî zum Kalifen; am 17. Juni 656 wurde er in der Moschee von Medina – auf dem Boden des ehemaligen Wohnhauses des Propheten – proklamiert. Nach schiitischer Auffassung kam damit endlich der einzig legitime Nachfolger des Propheten an die Macht. Die Schiiten erkennen also die Rechtmäßigkeit der drei ersten Kalifate nicht an; für sie sind Abû Bakr, ʿUmar und ʿUthmân Usurpatoren. Für die Schiiten war ʿAlî schon seit Muhammads Tod der rechtmäßige Kalif und Imam; in einem schiitischen Kommentar heißt es: «nach dem Tod des Propheten hatte er vierzig Jahre lang das Imamat inne, doch vierundzwanzig Jahre und sechs Monate davon war er gehindert, die Regierungsgeschäfte zu führen, und mußte Verstellung *(taqîya)* üben und sich zurückhalten.» Die Schiiten erklären ʿAlîs Zurückhaltung oft mit Gottes Heilsplan: die Usurpation der drei ersten Kalifen sei vorherbestimmt gewesen, um die Gemeinde auf die Probe zu stellen und die wahren Gläubigen von den Heuchlern *(munâfiqûn)* zu scheiden.

Das kurze Kalifat ʿAlîs (656–661) war erfüllt von blutigen Auseinandersetzungen, in denen die Einheit der islamischen Umma nur zwei Jahrzehnte nach dem Tode des Propheten für immer zerbrach. ʿAlî wurde nicht allgemein anerkannt; er mußte sich aus Medina in den Irak zurückziehen, wo die Stadt Kufa *(al-Kûfa)* am Euphrat, ein arabisches Heerlager aus der Zeit der Eroberung, seine Residenz wurde. Sein Gegenspieler war der Gouverneur von Syrien, Muʿâwiya aus dem Clan der Umayya, ein Verwandter des ermordeten Kalifen ʿUthmân, der als Bluträcher gegen ʿAlî auftrat. Neben den erwähnten Spannungen in der Umma traten in diesem Konflikt regionale Gegensätze zutage: die Araber Syriens standen gegen die des Irak, Damaskus gegen Kufa. Auf dem Schlachtfeld von Siffîn am oberen Euphrat (im Bereich des jetzigen Asad-Staudammes in Syrien) lagen sich die beiden Armeen im Sommer 657 wochenlang gegenüber, ohne daß es – trotz zahlreicher Gefechte – zu einer Entscheidungsschlacht gekommen wäre. Schließlich vereinbarte man ein Schiedsgericht, das anscheinend Anfang 659 in dem Ort ʿAdhruh (im heutigen Jordanien, zwischen Petra und Maʿân) zusammentrat. Was die beiden Schiedsmänner dort vereinbarten, ist heute nicht mehr genau auszumachen, da die Überlieferungen widersprüchlich sind. Jedenfalls legte der Syrer Muʿâwiya den Spruch zu seinen Gunsten aus und ließ sich im Sommer 660 in Jerusalem als Kalif huldigen; er wurde weithin anerkannt, und damit war die Spaltung der Umma besiegelt.

Schon ein halbes Jahr später, Ende Januar 661, wurde ʿAlî am Tor einer Moschee in Kufa von einem Bluträcher – einem gewissen Ibn Muldscham – niedergestochen und erlag zwei Tage später seinen Verletzungen, im Alter von etwa 62 oder 63 Jahren. So ist schon der erste Imam der Schiiten als Opfer gefallen – der erste in einer langen Reihe von Märtyrern der Schia.

Das arabische Wort *schîʿa* bedeutet «Partei». Als «Partei ʿAlîs» *(schîʿat ʿAlî)* bezeichnete man dessen Anhänger in dem Konflikt mit Muʿâwiya und den Syrern. Diese Partei bestand nach seiner Ermordung fort; seine Residenz Kufa am Euphrat wurde zu ihrer Hochburg; hier lebten seine Mitkämpfer von Siffîn, und hier hoffte man, einer der Söhne ʿAlîs werde das Erbe seines Vaters antreten und das Blatt wieder wenden; tief saß bei den Irakern der Unmut gegen die Statthalter, die nun aus Damaskus, der neuen Hauptstadt des Kalifats, geschickt wurden.

Eine besondere religiöse Färbung hat der Widerstand der Schia zu dieser Zeit noch nicht; sie ist lediglich eine Partei im Kampf um die Macht, zunächst in der Generation der ehemaligen Gefährten des Propheten (ʿAlî und Muʿâwiya) und dann in der Generation der Söhne. Für die Schiiten ist ʿAlî der einzige rechtmäßige Nachfolger des Propheten; ihm allein kommt daher der militärische Titel des Kalifen, «Befehlshaber der Gläubigen» *(amîr al-mu'minîn)*, zu; so wird ʿAlî – unter Weglassung seines Namens – von den Schiiten meist genannt. Als Zeichen seiner Befehlsgewalt hat er das Schwert des Propheten, *Dhû l-Fiqâr*, geerbt, das auf bildlichen Darstellungen sein festes Attribut ist. ʿAlîs Bild wurde in der Tradition seiner Parteigänger alsbald idealisiert und mit Legenden überhöht: für die Schiiten ist er der Prototyp des jugendlichen Helden; gern erzählt man, wie er bei der Belagerung der Oasenstadt Chaibar mit übermenschlicher Kraft das Stadttor aus den Angeln hob, es als Schild benutzte und dann in den Graben schleuderte. ʿAlî gilt als meisterlicher Beherrscher der arabischen Sprache; die ihm zugeschriebenen Reden und Briefe, die erst sehr viel später gesammelt wurden (und deren Echtheit umstritten ist), gelten bis heute als Muster arabischer Prosa. Auch sein Begräbnis ist von Wundern umsponnen: auf sein eigenes Geheiß wird ʿAlî von seinen Söhnen al-Hasan und al-Husain sowie mehreren Vertrauten auf einer Bahre hinaus in die Wüste getragen, bis zu einem weißen Felsen, von dem ein Licht ausstrahlt; dort hebt man ein Grab aus und stößt dabei auf einen Schild mit der Inschrift: «Dies hat Noah für ʿAlî ibn Abî Tâlib aufbewahrt». An der Stelle von ʿAlîs Grab erhebt sich heute der Schrein von Nadschaf *(an-Nadschaf)*.

Der Verzicht al-Hasans (661)

ʿAlî hinterließ mehrere Söhne, davon zwei aus der Ehe mit Fâtima, der Tochter des Propheten. Der ältere dieser beiden, al-Hasan, war beim Tode seines Vaters etwa 36 oder 37 Jahre alt. Er konnte, wenn er Anspruch auf das Kalifat erhob, auf die kufischen Parteigänger seines Vaters, eben die Schia, zählen. Tatsächlich wurde er zum Kalifen ausgerufen, doch als Muʿâwiya an der Spitze des syrischen Heeres in den Irak einrückte, zeigte sich al-Hasan unentschlossen und schwankend. In al-Madâ'in am Tigris – dem antiken Ktesiphon – kam es zu Verhandlungen, die damit endeten, daß al-Hasan auf das Kalifat verzichtete. Größere Summen Geldes und die Anwartschaft auf die Steuereinkünfte einer ganzen iranischen Provinz haben dem Prophetenenkel den Verzicht vergoldet. Der Kalif Muʿâwiya konnte nun in Kufa, der Metropole des Irak, seinen Einzug halten; al-Hasan stellte sich ebenfalls ein und bekräftigte in der Moschee der Stadt noch einmal öffentlich seinen Verzicht – zur großen Enttäuschung der Partei ʿAlîs. Al-Hasan kehrte nach Medina zurück und lebte dort bis zu seinem Tode als reicher Grandseigneur, ohne sich je wieder in die politischen Händel zu mischen; das einzig Bemerkenswerte, das die Quellen noch über ihn zu berichten wissen, sind seine zahlreichen Ehen und seine große Nachkommenschaft. Nicht einmal sein Todesjahr ist bekannt; er muß zwischen 670 und 680 gestorben sein und wurde auf dem Friedhof al-Baqîʿ in Medina bestattet.

Für die Schiiten ist al-Hasan der rechtmäßige Nachfolger seines Vaters ʿAlî und der zweite Imam, und zwar bis zu seinem Tode. Daß er sich Muʿâwiya beugen mußte, erklären sie damit, der Imam habe angesichts der militärischen Übermacht der Syrer den aussichtslosen Kampf und das Blutvergießen unter Muslimen vermeiden wollen; er sei der Gewalt gewichen, ohne indes auf seine Rechte verzichtet zu haben. Wie alle Imame wird auch al-Hasan von den Schiiten als Märtyrer betrachtet: er soll auf Anstiften Muʿâwiyas von einer seiner Ehefrauen vergiftet worden sein.

Die Tragödie von Kerbelâ (680)

Im Frühjahr 680 starb der Kalif Muʿâwiya in Damaskus, nachdem er seinem Sohn Yazîd als Kalifen hatte huldigen lassen. Mit Yazîd bestieg erstmals ein Mann den Kalifenthron, der den Propheten Muhammad nicht mehr persönlich gekannt hatte; zugleich bedeutete seine Nachfolge die Etablierung des dynastischen Prinzips: bis zum Jahr 750 sollte die Dynastie der Umayya in Damaskus regieren. Der Thronwechsel in Damaskus war für die irakischen Parteigänger der Aliden das Signal für einen erneuten Versuch, die Macht wieder an sich zu reißen. ʿAlîs zweiter Sohn von Fâtima, al-Husain, der in Medina lebte, war zu diesem Zeitpunkt schon etwa 54 Jahre alt. Boten aus Kufa suchten ihn auf und bedrängten ihn, in den Irak zu kommen, an die Spitze der «Partei» zu treten und das syrische Regime zu stürzen. Al-Husain selber schickte seinen Vetter Muslim nach Kufa, um die Lage zu erkunden, und der schrieb, die Situation sei günstig; Tausende von Parteigängern seien bereit, sich einer Erhebung anzuschließen. Obwohl er vor dem Abenteuer gewarnt worden war, verließ al-Husain daraufhin im September 680 heimlich Mekka, wohin er sich zur Pilgerfahrt begeben hatte, und machte sich auf der Pilgerroute quer durch die Wüste Zentralarabiens auf den Weg nach dem Irak. Ihn begleiteten seine Familie und ein kleines Häuflein Getreuer – Verwandte und Freunde –, insgesamt wohl nicht mehr als etwa fünfzig Männer.

Im Irak war man gewarnt. Der dortige Gouverneur, ʿUbaid Allâh ibn Ziyâd, ließ die Wüstenrouten durch Patrouillen überwachen und die führenden Unruhestifter in Kufa – darunter al-Husains Vetter Muslim – hinrichten. Al-Husain erfuhr davon erst, als er sich dem Euphrat näherte; dennoch setzte er seinen Weg fort. Eine Patrouille des Gouverneurs hinderte ihn, nach Kufa selbst zu gelangen, und drängte seinen kleinen Trupp nach Norden ab. Von den angeblich Tausenden kufischer Parteigänger erschien nicht ein einziger, um dem Enkel des Propheten zu Hilfe zu kommen. Am 2. des Monats Muharram (2. Oktober 680) lagerte al-Husains Trupp bei dem Flecken Kerbelâ, 70 km nördlich von Kufa, 20 km westlich des Euphrat. Am nächsten

Tag trafen größere Truppenkontingente des Gouverneurs – angeblich 4000 Mann – unter dem Kommando des Ibn Sa'd ein, die al-Husains Leuten den Weg zum Fluß verlegten, so daß sie drei Tage lang Durst litten. Weitere Verhandlungen scheiterten, da sich al-Husain weigerte, dem Kalifen Yazîd zu huldigen. Am 9. Muharram rückten die kufischen Truppen nahe an al-Husains Zeltlager heran, und in der Frühe des folgenden Tages (10. Muharram = 10. Oktober 680) begannen die Einzelkämpfe und Scharmützel, die am Nachmittag mit der Erstürmung des Lagers endeten. Al-Husain und fast alle seine männlichen Begleiter – der Tradition nach 32 Reiter und 40 Mann zu Fuß – fanden den Tod, darunter al-Husains Halbbruder al-'Abbâs, sein Sohn 'Alî der Ältere ('Alî al-Akbar) und sein junger Neffe al-Qâsim, ein Sohn al-Hasans. Die Toten wurden an der Stelle begraben, an der das Massaker stattgefunden hatte; dort erheben sich heute die Schreine von Kerbelâ. Al-Husains Kopf wurde nach Kufa gebracht, wo der Gouverneur 'Ubaid Allâh ibn Ziyâd ihm mit seinem Stock einige Zähne ausgeschlagen haben soll. Die gefangenen Frauen, darunter al-Husains Schwester Zainab, und der einzige überlebende Sohn al-Husains, der jüngere 'Alî (der vierte Imam), wurden zunächst ebenfalls nach Kufa und dann nach Damaskus gebracht, wo der Kalif sie (nach den historischen Quellen) ehrenvoll behandelte und dann nach Medina entließ. Al-Husains Kopf soll in Damaskus bestattet worden sein; seine Ruhestätte wird noch heute in einem Gelaß am Hof der Umayyaden-Moschee von Damaskus verehrt. Nach einer anderen Überlieferung wurde der Kopf in Askalon in Palästina bestattet und später von dort vor den Kreuzfahrern nach Kairo gerettet; sein Schrein, der Maschhad al-Husainî, liegt dort neben der Azhar-Moschee.

Diese ältere, noch recht nüchterne historische Tradition über die Ereignisse von Kerbelâ wurde später von Legenden überwuchert. Es entstanden all die rührenden, schreckenerregenden und bluttriefenden Episoden, die bis heute die bevorzugten Themen der schiitischen Passionsspiele wie auch Gegenstand bildlicher Darstellungen in der Volkskunst sind. Neben al-Husains ältestem Sohn 'Alî al-Akbar, der im Schoß seines Vaters sein

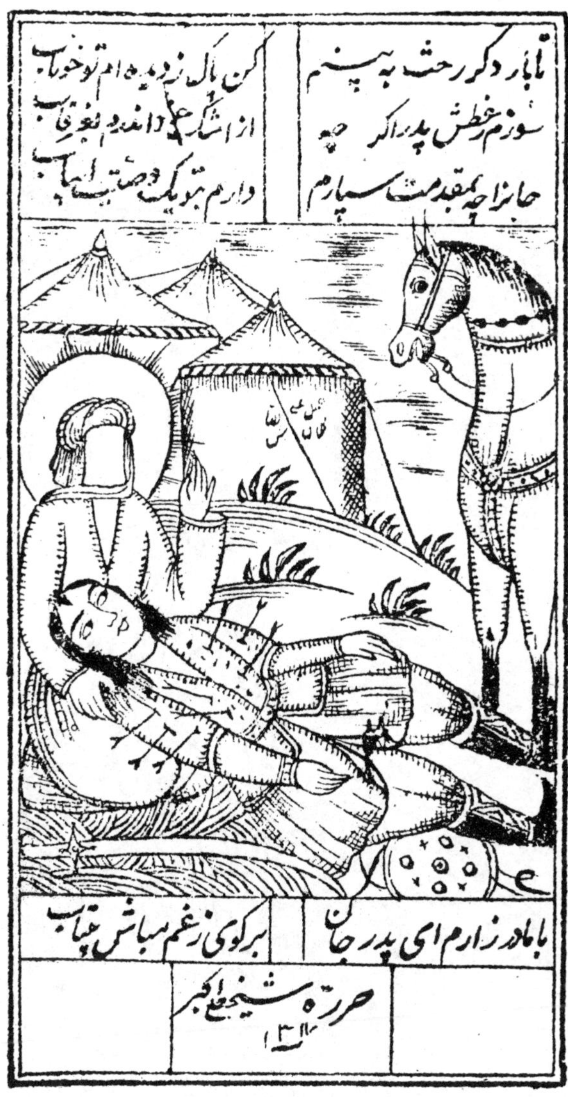

Abb. 1: Al-Husains ältester Sohn Alî al-Akbar stirbt in den Armen seines Vaters.

Abb. 2: Al-Husain betrachtet die Leichen seiner Verwandten; oben das enthauptete Wickelkind ʿAlî al-Ashgar; unten der armlose al-ʿAbbâs.

Leben aushaucht, erscheint nun ein weiterer, historisch nicht verbürgter Sohn, ʿAlî der jüngere (ʿAlî al-Asghar), ein Säugling, dem ein Pfeil die Kehle durchbohrt; al-ʿAbbâs, dem Halbbruder al-Husains, wird bei dem Versuch, den dürstenden Gefährten einen Trunk Wasser vom Euphrat zu holen, erst der rechte, dann der linke Arm abgeschlagen. Vor allem der Neffe des Imams, al-Hasans Sohn al-Qâsim, der schon in der ältesten Tradition als schöner Jüngling dargestellt ist, wird nun der Held einer romantischen Tragödie: einer Tochter seines Oheims al-Husain verlobt, fällt der junge Bräutigam am Tage seiner Hochzeit; das schon aufgeschlagene Hochzeitszelt nimmt seine Bahre auf. Auch die Szene der überlebenden Frauen und des einzigen überlebenden Sohnes vor dem Kalifen Yazîd in Damaskus und ihre Demütigung durch den Tyrannen werden nun dramatisch ausgeschmückt.

Für den Historiker gehören die Ereignisse des Jahres 680 in den Rahmen der politischen Machtkämpfe innerhalb der zweiten Generation (al-Husain ibn ʿAlî gegen Yazîd ibn Muʿâwiya); Kerbelâ bedeutet in dieser Sicht nur das Ausscheiden eines schlecht gerüsteten und unentschlossenen Prätendenten. Der Religionshistoriker wird konstatieren, daß al-Husains Untergang die Schia als religiöses Phänomen überhaupt erst hervorgerufen hat; vor 680 hat es eine schiitische Religiosität gar nicht gegeben; erst der Tod des dritten Imams und seiner Gefährten ist der *big bang*, der den rasch expandierenden Kosmos des Schiitentums erschafft und in Bewegung setzt. Für die Schiiten ist Kerbelâ der Dreh- und Angelpunkt ihres Glaubens, Höhepunkt eines göttlichen Heilsplanes, dessen Verheißungen all denen zuteil werden, die für die Seite des gemarterten Imams Partei ergreifen.

Die Ursprünge der schiitischen Religiosität: Der Zug der «Büßer» (684)

Religiöse Züge nimmt die «Partei ʿAlîs» erst *nach* der Katastrophe von Kerbelâ an, also nach ihrem politischen Scheitern. Zwar hat es auch in der Folgezeit immer wieder Putschversuche von Nachkommen sowohl al-Hasans wie auch al-Husains gegeben, die jedoch allesamt fehlschlugen. Unter dem Eindruck dieses Scheiterns zog sich ein großer Teil der Schiiten – die «Imame» eingeschlossen – von der politischen Bühne zurück; die Schia wurde zu einer oppositionell gesinnten Sekte.

Zentrum und Ausgangspunkt der politischen wie der religiösen Schia war die von den Arabern gegründete irakische Metropole Kufa am Euphrat. Die Schia ist also im Irak entstanden, und zwar in rein arabischem Milieu. Es ist notwendig, dies zu betonen, da immer wieder behauptet worden ist, die Schia sei ein iranisches Phänomen, das dem Wesen der Araber zutiefst fremd sei. Es mag sein, daß in späteren Jahrhunderten, vor allem nach der Schiitisierung Irans im 16. Jahrhundert, eine ganze Reihe altiranischer Traditionen in die Glaubenswelt der Schiiten Eingang gefunden hat. Aber in ihren Ursprüngen ist die Schia ebenso arabisch wie der Islam selber.

Man kann die Entstehungszeit der Schia auf die Jahre zwischen dem Drama von Kerbelâ (680) und dem Todesmarsch der kufischen «Büßer» im Jahre 684 eingrenzen. Wir sahen, daß die kufischen Parteigänger ʿAlîs dessen Sohn al-Husain zwar zum Griff nach der Macht ermuntert und in den Irak eingeladen hatten, daß sie ihn dann aber schmählich im Stich ließen; keine Hand hatte sich gerührt, als der Imam in Kerbelâ in Bedrängnis geriet. Die Katastrophe des Prophetenenkels rief dann jedoch unter seinen kufischen Parteigängern eine schwere Gewissenskrise hervor; es bildete sich eine Gruppe von Leuten, die unter dem Namen «die Büßer» *(at-tawwâbûn)* in die Geschichte eingegangen sind und die wir als die Keimzelle der Schia bezeichnen können. Ihr Wortführer war ein gewisser Sulaimân ibn Surad, ein vornehmer Araber und alter «Parteigänger», der schon bei Siffîn an der Seite ʿAlîs gefochten hatte; er war – wie die meisten seiner Gesinnungsgenossen – schon in den Sechzigern, als der Imam al-Husain bei Kerbelâ den Untergang fand. In Sulaimâns Haus in Kufa trafen sich regelmäßig die führenden Persönlichkeiten der «Partei» und ergingen sich in endlosen Selbstvorwürfen; sie bereuten ihr Versagen und suchten ihr Gewissen durch Buße zu erleichtern. Nach der schiitischen Überlieferung gipfelten die Selbstanklagen der im Hause des Sulaimân ibn Surad versammelten «Parteigänger» in Bekenntnissen der eigenen Schande und dem Wunsch, diese durch den Tod zu sühnen. Man zitiert den Koran (Sure 2, 54), wo von den Israeliten die Rede ist, die das goldene Kalb angebetet hatten; zu denen hatte Gott durch den Mund des Propheten Moses gesagt: «Ihr habt gegen euch selbst gefrevelt! So wendet euch nun bußfertig eurem Schöpfer zu und bringt euch selber um!» Sulaimân ibn Surad beschwört in einer Rede das Bild von den Israeliten, die nun bußfertig ihre Hälse dem Schwert darbieten und geduldig den Sühnetod erleiden, und er ruft seinen Gefährten zu: «Wie steht es denn mit euch? Wenn ihr nun aufgefordert würdet, es jenen gleichzutun?» Was folgt, ist die Erörterung der Möglichkeit eines kollektiven Sühne-Selbstmordes, der allerdings verworfen wird. Einer der Redner wird mit den Worten zitiert: «Bei Gott, wenn ich wüßte, daß mein Selbstmord mich von meiner Sünde befreite und meinen Herrn mit mir versöhnte, so brächte ich mich selber um!» Aber – so fährt er fort – was den Israeliten damals erlaubt war, ist den Muslimen – leider – verwehrt; der Koran verbietet die Selbsttötung ebenso wie das Töten von Muslimen (Sure 4, 29). Aber es bleibt ein Ausweg: der Sühnetod auf dem Schlachtfeld. Der kollektive Selbstmord wird also ersetzt durch ein kollektives Selbstopfer, das man den Feind vollziehen läßt.

Auf die Ähnlichkeit mancher Einzelzüge des schiitischen Glaubens mit christlichen Vorstellungen ist oft – auch von schiitischer Seite selbst – hingewiesen worden. Aber die Unterschiede sind nicht zu übersehen; es handelt sich allenfalls um Parallelen, nicht um Übereinstimmungen. Die «Sünde» der Schiiten ist keine Erbsünde, kein existentieller Makel, der der Menschheit von Anbeginn anhaftet und sie erlösungsbedürftig macht, sondern ein historisches Versagen der gesamten «Partei» in einer konkreten Situation. Diesen Makel von damals mit ihrem eigenen Blut abzuwaschen, sind allerdings auch die Nachgeborenen aufgerufen: die spätere Schia hat die Schuld der früheren – natürlich nebst ihrer eigenen – zu tilgen. Noch heute antworten Schiiten auf die Frage, warum sie bei den Riten zur

Erinnerung an Kerbelâ sich selbst geißeln oder mit Schwertern verwunden: «Um zu zeigen, daß, wenn wir dort in Kerbelâ dabeigewesen wären, wir dem Imam beigestanden und unser Blut vergossen hätten und mit ihm gestorben wären». Die ʿÂschûrâ-Riten, von denen weiter unten die Rede sein soll, haben hier ihren Ursprung: sie sind weniger ein Trauer-Ritual, wie immer wieder behauptet wird, als vielmehr ein Buß-Ritual: man bemüht sich, einen Teil der damals angehäuften, im Grunde unermeßlichen Schuld abzutragen, in der Hoffnung, ein gnädiger Gott werde der Schia dann den Rest der eigentlich fälligen Strafe erlassen.

So läßt denn Sulaimân ibn Surad ein Rundschreiben unter den «Parteigängern» im Irak kursieren und sie zum gemeinsamen Marsch in den Tod einladen, und zum vorgesehenen Termin – im November 684 – versammeln sich dort die «Büßer». Sie brechen nach Norden auf und ziehen den Euphrat aufwärts in Richtung Syrien. Auf dem Feld von Kerbelâ machen sie Station, um eine Nacht lang mit geschwärzten Gesichtern klagend und weinend ihre Schuld gegenüber dem Imam zu bekennen; dann ziehen sie weiter. Anfang Januar 685 werden sie in Nordmesopotamien von syrischen Truppen aufgehalten und – wie erwartet und erhofft – zusammengehauen. Nur wenige überleben; diese aber erfaßt angesichts der Toten auf dem Schlachtfeld die Scham darüber, daß sie überlebt haben: «Eurer wird sich Gott erbarmen», so soll sich einer an die Gefallenen gewendet haben, «denn *ihr* habt wahr gesprochen und habt erduldet, wir aber haben gelogen und sind entronnen», d. h. ihr habt euer Todesgelübde erfüllt, wir aber haben schändlicherweise überlebt. (Nach dem Tode von Âyatollâh Chomeinî konnte man im Fernsehen aus irakischer Kriegsgefangenschaft heimgekehrte iranische Soldaten sehen, die auf Knien zu seinem Grab rutschten und weinend um Vergebung dafür flehten, daß sie nicht gefallen waren – eine für westliche Augen befremdliche Szene, für Schiiten dagegen ein durchaus gewohnter, jahrhundertealter ritueller Gestus – nur daß er hier nicht dem Imam al-Husain, sondern dem Revolutionsführer dargebracht wurde.)

Die kufische Büßerbewegung ist der eigentliche Ursprung des schiitischen Islams; hier sind alle wesentlichen Elemente und Begriffe schiitischer Religiosität bereits ausgeprägt: «Verfehlung», «Reue», «Buße» und «Strafe». Die Bereitschaft zum Selbstopfer ist dabei der hervorstechende Zug, der sich bis heute unverändert erhalten hat.

Nun hätte eine Religionsgemeinschaft oder Sekte, die sich den kollektiven Untergang zu ihrem Ziel erwählte, keine lange Lebenserwartung; wir kennen Beispiele aus dem Amerika unserer Tage. Die Schia aber besteht seit mehr als 1300 Jahren. Sie hat nämlich das Selbstopfer, das die «Büßer» des Jahres 684/685 noch tatsächlich darbringen, in den ʿÂschûrâ-Bräuchen ritualisiert. Ein Ritual aber ist seinem Wesen nach auf Wiederholbarkeit, auf Periodizität angelegt; das setzt voraus, daß man das Selbstopfer überlebt. Meist ist das Ritual eine Ersatzhandlung, eine Substitution: der rituelle Akt – das Vergießen des eigenen Blutes durch Geißelung oder Schwerthiebe gegen die Stirn – ersetzt das, was eigentlich gemeint ist – den Sühnetod –, sichert dem Vollzieher aber gleichwohl dessen Resultat, nämlich die Befreiung von der historischen Schuld. Allerdings kann der durch das Ritual ersetzte Sühnetod jederzeit auch wieder tatsächlich eingefordert werden; der Schiit hat dann unter Beweis zu stellen, wie ernst seine Bereitschaft zum Selbstopfer ist.

Abschied von der Politik: Der sechste Imam Dschaʿfar as-Sâdiq (702–765)

Noch im selben Jahr 685, das den Untergang der «Büßer» gesehen hatte, erhoben sich die Schiiten von Kufa gegen den Statthalter des Kalifen und brachten die Stadt in ihre Gewalt; an den für das Massaker von Kerbelâ Verantwortlichen wurde ein schreckliches Strafgericht vollzogen. Die schiitische Herrschaft über die Stadt Kufa und Teile des Südirak währte aber nur eineinhalb Jahre; dann brach sie zusammen.

Al-Husains Sohn ʿAlî, der als einziger männlicher Verwandter das Massaker von Kerbelâ überlebt hatte, weil er krank in seinem Zelt gelegen hatte, war mit den gefangenen Frauen zunächst an den Kalifenhof nach Damaskus gebracht und dann nach Medina entlassen worden. In der schiitischen Überlieferung trägt er den Beinamen *Zain al-ʿÂbidîn*, «die Zierde der Gottesdiener». Politisch ist er nicht hervorgetreten; wir wissen kaum etwas über sein Leben und seine Person; nicht einmal sein Todesjahr ist genau bekannt; er starb in Medina etwa um 713. Ebenso schattenhaft bleibt die Gestalt des fünften Imams Muhammad mit dem Beinamen *al-Bâqir* (etwa: «der Öffner», nämlich des Wissens), der um 733 in Medina starb, ebenfalls ohne je politische Ambitionen gezeigt zu haben. Sein Halbbruder Zaid jedoch wagte in den Jahren 739/740 noch einmal einen Aufstand in Kufa, verlor aber im Kampf gegen die Truppen des Kalifen Hischâm sein Leben. An Zaid knüpft eine eigene Richtung der Schia an, die bis heute – allerdings nur noch im nördlichen Jemen – existiert; die Zaiditen, die keine feste Imamenreihe kennen, gestehen das Recht auf die Nachfolge Muhammads grundsätzlich jedem seiner Nachkommen zu, der es sich mit dem Schwert erstreitet.

Erst mit dem sechsten Imam Dschaʿfar mit dem Beinamen as-Sâdiq («der Aufrichtige») bekommt die Schia wieder schärfere Konturen. Wahrscheinlich 702 in Medina geboren, verbrachte er sein Leben dort als reicher Grundbesitzer, ohne sich in politische Händel zu mischen, und ist dort 765 gestorben. In seine Lebenszeit fällt der Umsturz des Kalifats, die abbasidische Revolution von 749/750: die Dynastie der Umayyaden von Damaskus wird gestürzt; an ihre Stelle tritt die Familie der Abbasiden, Nachkommen von al-ʿAbbâs, einem Onkel des Propheten Muhammad – also Mitglieder der Prophetensippe Hâschim und damit nahe Verwandte der Imame. Die Schiiten des Irak hatten den Umsturz nicht nur begrüßt, sondern auch selbst mit vorbereitet, hofften sie doch, nun endlich an die Macht zu kommen. Auf dem Höhepunkt der revolutionären Wirren sollen kufische Parteigänger dem Imam Dschaʿfar as-Sâdiq brieflich das Kalifat angetragen haben, doch der, so heißt es, habe abgelehnt. Seine Gründe – wenn die Nachricht denn stimmt – kennen wir nicht; jedenfalls gingen die Schiiten leer aus und wurden von der neuen Dynastie der Abbasiden bald beiseite gedrängt; sie blieben in der Opposition. Dscha'far as-Sâdiq blieb in engem Kontakt mit den Schiiten des Irak, enthielt sich aber auch weiterhin jeglicher politischen Tätigkeit und wurde daher von den neuen Machthabern nicht behelligt. Er ist sogar selbst in den Irak gereist, wahrscheinlich um dem Abbasiden-Kalifen al-Mansûr (754–775) zu huldigen; bei dieser Gelegenheit soll er in der Nähe von Nadschaf das verschollene Grab des ersten Imams 'Alī wiedergefunden haben.

Im Jahre 762 – drei Jahre vor dem Tod des Imams Dscha'far – gründete der Kalif al-Mansûr bei dem Dorf Bagdad *(Baghdâd)* am Tigris eine neue Residenz, die sich sehr schnell zur Metropole des Irak entwickelte; schon zu Beginn des 9. Jahrhunderts – unter dem Kalifen Hârûn ar-Raschîd – sollte sie mit einem Durchmesser von etwa 10 km die größte Stadt der damaligen Welt sein. Bagdad wurde neben Kufa das zweite große Zentrum der Schia im Irak, denn in den Außenbezirken der Residenz, besonders in der südlichen Vorstadt al-Karch, ließen sich zahlreiche Schiiten nieder, die allerdings nur eine Minderheit der Bevölkerung darstellten.

Der sechste Imam Dscha'far as-Sâdiq gilt als der Begründer des schiitischen Rechts. Als Privatgelehrter hatte er in Medina Überlieferungen des Propheten Muhammad gesammelt und kommentiert; er gilt den Schiiten daher als die bedeutendste Autorität in allen rechtlichen und religiösen Fragen; die späteren Handbücher des schiitischen Rechts enthalten Tausende von Aussprüchen des sechsten Imams. Daher nennen die Schiiten ihre Glaubensrichtung nach ihm auch die «dscha'faritische Rechtsschule».

Die Deportation des siebten Imams (796)

Der Tod Dscha'far as-Sâdiqs im Jahre 765 stürzte die schiitischen Gemeinden des Irak in eine schwere Krise, da die Nachfolge im Imamat nicht geregelt war. Dscha'fars Sohn Ismâ'îl, der anscheinend als Nachfolger ausersehen war, war schon zehn Jahre vor seinem Vater gestorben, und Dscha'fars Erstgeborener, 'Abdallâh, überlebte den Vater nur um wenige Monate und hinterließ selbst keine Nachkommen. Es kam zu einer ersten

Spaltung der Schia; wir hören von einem halben Dutzend von Gruppen und Grüppchen, die sich verschiedenen Imamen anschlossen. Von diesen Sekten existiert bis heute nur die der Ismailiten, die an dem Imamat des frühverstorbenen Ismâʿîl und seiner Nachkommen festhielt; das heutige Oberhaupt der Ismailiten, der Agha Khan, gilt als der 49. Imam aus dieser Linie. Andere Sektierer glaubten dagegen, der Imam Dschaʿfar sei gar nicht gestorben, sondern lebe in der Verborgenheit weiter, um dereinst triumphal zurückzukehren. Hier begegnen wir erstmals dem Glauben an die «Abwesenheit» *(ghaiba)* eines «verborgenen» Imams. Diese Vorstellung konnte sich zunächst nicht durchsetzen, da der sechste Imam ja noch weitere Söhne hinterlassen hatte; so wurde denn Dschaʿfars Sohn Mûsâ schließlich weithin als siebter Imam anerkannt. Die Schia hat aber in ihrer formativen Phase noch mehrmals zwischen dem Modell des leibhaftig präsenten Imams und dem des abwesenden, «verborgenen» Imams geschwankt, ehe sich das «Abwesenheits»-Modell schließlich durchsetzte.

Der siebte Imam mit dem Beinamen *al-Kâzim* («der Selbstbeherrschte») lebte zunächst wie seine Vorgänger in Medina. Als jedoch im Jahre 795/96 der Kalif Hârûn ar-Raschîd zur Pilgerfahrt nach Mekka und Medina kam, nahm er bei seiner Rückkehr in den Irak den Imam mit sich und hielt ihn zuerst in Basra *(al-Basra)*, dann in Bagdad unter Hausarrest. Der Anhang des Imams muß also zu dieser Zeit bereits so groß gewesen sein, daß der Kalif ihn fürchtete und sich seiner Person versicherte. Von nun an waren alle Imame im Irak unter der Kuratel der Kalifen von Bagdad interniert, wenn man sie auch als Nachkommen des Propheten nicht antastete. Die schiitische Überlieferung beschreibt diese babylonische Gefangenschaft der Imame als eine einzige Kette von Martyrien; nach dem Glauben der Schiiten sind alle Imame ohne Ausnahme von den Kalifen gewaltsam – meist durch Gift – beseitigt worden (was historisch wohl nicht stimmt). Der Tod des siebten Imams Mûsâ im Jahre 799 gab erstmals zu solchen Gerüchten Anlaß. Mûsâ al-Kâzim wurde auf dem Friedhof der arabischen Aristokratie nördlich von Bagdad bestattet; über seinem Grab erhebt sich heute in der nach ihm benannten Vorstadt al-Kâzimiyya der schiitische Schrein mit zwei vergoldeten Kuppeln, denn neben ihm ruht sein Enkel, der neunte Imam. Früher hieß die Vorstadt *al-Kâzimain*, «die beiden Kâzims», nach den Gräbern der beiden Imame.

Der achte Imam ʿAlî ar-Ridâ als Thronfolger (816)

Der achte Imam ʿAlî, genannt *ar-Ridâ* (der Wohlgefällige; persisch *Reza*) lebte nach der Deportation seines Vaters zunächst in Medina, wurde dann aber von Hârûn ar-Raschîds Sohn und Nachfolger al-Ma'mûn im Jahre 816 ebenfalls in den Osten geholt. Der Kalif residierte damals am äußersten Rand des Reiches, in Marw (heute Mary in Turkmenistan), und dorthin mußte der Imam die Reise antreten. Es wartete dort auf ihn aber eine überraschende Wendung des Geschicks, denn der Kalif gab dem etwa fünfzigjährigen Imam eine seiner Töchter zur Frau; er machte ihn aber nicht nur zu seinem Schwiegersohn, sondern proklamierte ihn auch als Thronfolger. Über diesen spektakulären Schritt des Kalifen al-Ma'mûn ist viel gerätselt worden; er findet seine Erklärung wohl in den politischen Zeitumständen, die uns hier nicht weiter interessieren müssen, zumal da das Ganze eine Episode blieb. Als sich nämlich der Kalif nach Westen in Marsch setzte, um die in Bagdad revoltierenden, von der Thronfolge ausgeschlossenen Prinzen zu unterwerfen, starb der Imam ʿAlî ar-Ridâ im Jahre 818 in der Stadt Tûs in Ostiran und wurde in der Nähe begraben. Sein Schrein, die «Stätte des Martyriums» (arabisch *al-maschhad*), wurde zur Keimzelle der heutigen Stadt Maschhad; er ist das einzige Grab eines Imams auf iranischem Territorium. Noch heute pflegen die Schiiten dort den Kalifen al-Ma'mûn und seinen Vater Hârûn ar-Raschîd, die Peiniger des siebten und des achten Imams, lautstark zu verfluchen.

Der Schrein von Qom

Iran kann sich – neben Maschhad – noch eines weiteren Schreins rühmen, der als Wallfahrtsort in der Frömmigkeit der iranischen Schiiten zu allen Zeiten eine herausragende Rolle gespielt hat und im 20. Jahrhundert sogar zum geistigen und zeitweilig auch politischen Mittelpunkt der Schia geworden ist: Qom (Ghom). Die alte iranische Stadt – etwa 140 km südwestlich des heutigen Teheran an einem salzigen Fluß am Rande der Wüste gelegen – war vermutlich während der arabisch-islamischen Eroberung zerstört, dann aber 712 von arabischen Kolonisten wiederbesiedelt worden, die wegen ihres schiitischen Bekenntnisses Kufa hatten verlassen müssen. Das islamische Qom war also von Anfang an eine schiitische Stadt, ein Ableger von Kufa, und es behielt seinen arabischen Charakter noch bis ins 10. Jahrhundert. Als im Jahre 817 die Schwester des achten Imams, Fâtima *al-Ma'sûma* («die Sündlose»), nach Ostiran reiste, um ihren zum Thronfolger erhobenen Bruder zu besuchen, erkrankte sie in der Stadt Sâveh westlich von Qom, und um ihre letzten Tage unter ihren schiitischen Glaubensgenossen zu beschließen, ließ sie sich nach Qom bringen, wo sie starb und begraben wurde. Die goldene Kuppel ihres Schreines beherrscht heute das Stadtbild von Qom, das nicht nur zum Wallfahrtsort der Schiiten wurde, sondern auch im 9. und 10. Jahrhundert eine ganze Reihe von namhaften schiitischen Gelehrten und Autoren hervorbrachte.

Die Imame in Samarra (836–873)

Der neunte Imam, Muhammad al-Dschawâd («der Freigebige»), auch at-Taqî («der Gottesfürchtige») genannt, wurde schon als Kind mit einer Tochter des Kalifen al-Ma'mûn vermählt, um ihn eng an die regierende Dynastie zu binden; er durfte sogar nach einiger Zeit mit seiner Familie von Bagdad nach Medina zurückkehren. Im Jahr 835 jedoch ließ der Kalif al-Mu'tasim, der Bruder und Nachfolger des Ma'mûn, den nun vierundzwanzigjährigen Imam erneut nach Bagdad bringen, wo er noch im selben Jahr starb. Er wurde auf dem Friedhof nördlich der Hauptstadt neben seinem Großvater Mûsâ al-Kâzim beigesetzt, so daß sich heute dort der Doppelschrein «der beiden Kâzims» *(al-Kâzimain)* – mit den zwei vergoldeten Kuppeln nebeneinander – erhebt. Ein Jahr später verließ der Kalif al-Mu'tasim Bagdad und übersiedelte mit seinen türkischen Sklavengarden in eine neue Residenz, die er gut 100 km nordwestlich von Bagdad am Tigris gegründet hatte: Samarra (*Sâmarrâ*). Für mehr als ein halbes Jahrhundert (836–892) war Samarra die Hauptstadt des Kalifenreiches, und die Imame hatten den Kalifen dorthin zu folgen. Im Jahre 848 ließ der Kalif al-Mutawakkil den etwa zwanzigjährigen zehnten Imam ʿAlî al-Hâdî («der Rechtleitende») nach Samarra verbringen, wo er 868 starb und in seinem Wohnhaus begraben wurde. Die erneute Deportation eines Imams hatte sicherlich politische Gründe; die Schia war mittlerweile so stark geworden, daß sie eine Bedrohung darstellte. Wie sehr der Kalif sie fürchtete, zeigt auch sein Befehl im Jahre 850, die Wallfahrtsstätte der Schiiten über dem Grab al-Husains in Kerbelâ dem Erdboden gleichzumachen.

Der elfte Imam, al-Hasan, erhielt den Beinamen al-ʿAskarî, da er gezwungen war, im Heerlager *(ʿaskar)* des Kalifen, also in Samarra, zu leben. Als er am 25. Dezember 873 oder am 1. Januar 874 im Alter von 28 Jahren starb, wurde er neben seinem Vater auf dem Grundstück des eigenen Wohnhauses beigesetzt; an dieser Stelle erhebt sich heute der mit einer vergoldeten Kuppel geschmückte Schrein «der beiden ʿAskarîs» *(al-ʿAskariyyain)*, d. h. des zehnten und elften Imams.

Die Entrückung des zwölften Imams (873)

Nach allgemeiner – besonders sunnitischer – Überlieferung hat der elfte Imam bei seinem frühen Tod keinen männlichen Nachkommen hinterlassen. Die ältesten schiitischen Quellen bezeugen denn auch, daß das offenkundige Aussterben der Hauptlinie der Imame die schiitischen Gemeinden in eine schwere Krise stürzte; über der Frage, wer denn nun als Imam an der Spitze der Umma stehe, zerstritt sich die «Partei» und zerfiel in mehr als ein Dutzend verschiedener Grüppchen und Sekten. Die schiitische Tradition bezeichnet diese Etappe ihrer Geschichte als die Periode der «Verwirrung» *(haira)*. Eine dieser Gruppen behauptete von Anfang an, der elfte Imam sei keineswegs kinderlos gestorben, sondern habe einen kleinen Sohn namens Muhammad gehabt, der 869 geboren, von seinem Vater aber versteckt worden sei, um ihn dem Zugriff des Kalifen zu entziehen. Nur engste Familienangehörige und einige wenige Vertraute – so versichert die schiitische Überlieferung – hätten diesen zwölften Imam zu Gesicht bekommen, ehe er untertauchte. Auch als der elfte Imam starb, sei sein Nachfolger nicht wieder hervorgetreten; seitdem halte er sich irgendwo auf der Erde verborgen, doch eines Tages werde er wiedererscheinen und an die Spitze der «Partei» treten, um die legitimen Rechte seines Hauses geltend zu machen.

Es dauerte fast zwei Jahrhunderte, bis sich der Glaube an die Existenz des verborgenen Imams in den schiitischen Gemeinden durchsetzte und die anderen in der Periode der «Verwirrung» entstandenen Richtungen und Sekten verschwanden. So wurden aus den «imamitischen» Schiiten *(Imâmiyya)* die «Zwölfer» *(Ithnâ ʿaschariyya)*, wie sie sich auch selber nennen, um sich von anderen schiitischen Gruppen zu unterscheiden; der Glaube an die Existenz des verborgenen zwölften Imams und an seine künftige Rückkehr wurde zum wichtigsten Unterscheidungsmerkmal.

Es ist festzuhalten, daß der zwölfte Imam als verborgen auf der Erde lebend vorgestellt wird; für vier Generationen nahm man außerdem an, der verborgene Imam sei durch einen Botschafter *(safîr)* mit seiner verwaisten Gemeinde verbunden geblieben und habe seine Anordnungen durch Briefe kundgetan; solche Briefe kursierten in den Gemeinden tatsächlich und werden bis heute überliefert. Die Schiiten nennen diese Periode (874–941) die «kleine Abwesenheit» *(al-ghaiba as-sughrâ)*. Dann aber habe sich der verborgene Imam dazu entschlossen, auch diese Kontakte abzubrechen und sich der Menschheit gänzlich zu entziehen; in einem letzten Brief habe er diese seine Absicht kundgetan und jeden als Lügner gebrandmarkt, der künftig mit der Behauptung auftreten werde, mit ihm in Kontakt zu sein. Damit brach im Jahre 941 die Periode der «großen Abwesenheit» *(al-ghaiba al-kubrâ)* an, die bis auf den heutigen Tag andauert. Die Schiitengemeinden blieben dadurch gänzlich ohne geistliche Leitung, eine Umma ohne präsenten Imam, und somit in einer prekären Situation, denn nun stellte sich die Frage, wer denn während der Abwesenheit des zwölften Imams befähigt und befugt sei, die Gemeinde stellvertretend zu lenken. Man kann die Geschichte der Schiiten als ein fortwährendes Ringen um die Beantwortung dieser Frage beschreiben; die vorerst letzte Antwort hat die Revolution in Iran 1979 zu geben versucht.

Die vierzehn Unfehlbaren

Den Propheten Muhammad, seine Tochter Fâtima und die zwölf Imame bezeichnen die Schiiten als die «vierzehn Unfehlbaren» (persisch: *tschahâr-dah ma'sûm)*. Das aus dem Arabischen entlehnte Wort *ma'sûm* bedeutet eigentlich «geschützt», «gefeit», denn die Vierzehn gelten als gefeit vor Irrtum und Sünde. Die von ihnen überlieferten Aussprüche oder schriftlichen Verlautbarungen genießen daher uneingeschränkte Autorität; jeder Gläubige kann sich absolut darauf verlassen. Während die Sunniten nur den überlieferten Äußerungen des Propheten Muhammad eine solche Autorität zubilligen und nur diese als die für alle Muslime verbindliche «Praxis» *(sunna)* betrachten, haben die Schiiten nicht nur die durch Augen- und Ohrenzeugen beglaubigten Aussprüche des Propheten selber, sondern auch die Fâtimas und der zwölf Imame gesammelt; ähnlich wie bei den Sunniten bilden solche Sammlungen die Grundlage des schiitischen Rechts.

Es ist wichtig, daß die Schiiten die Eigenschaft der Unfehlbarkeit allein den Vierzehn zubilligen; kein anderer Mensch sonst darf sie sich anmaßen. Das gilt auch für die höchsten Âyatollâhs: auch sie können sich irren; alle ihre Entscheidungen und Urteile sind daher provisorischer Natur; deshalb sind sie auch stets revidierbar. Die Tatsache, daß die Unfehlbarkeit auf vierzehn Autoritäten beschränkt wurde, von denen dreizehn tot sind und der vierzehnte abwesend ist, hat sich als für die weitere Entwicklung der Schia äußerst günstig und praktisch erwiesen; die anwesenden Autoritäten – allesamt fehlbare Menschen – erhielten damit freie Hand für eigenes – allerdings vorläufiges und daher auch revidierbares – Handeln.

Noch eine weitere Gemeinsamkeit haben die Imame: sie gelten alle als Märtyrer. Nicht nur der in Kufa ermordete ʿAlî und der bei Kerbelâ hingeschlachtete al-Husain, nicht nur die in den Irak verschleppten und dort in der Haft umgekommenen Imame, sondern auch die scheinbar eines natürlichen Todes in Medina Gestorbenen sind nach schiitischer Tradition von den jeweiligen Machthabern beseitigt worden. Die ganze Familie des Propheten wird daher das «Haus des Kummers» *(bait al-ahzân)* genannt. Der Todestag, das «Martyrium» eines jeden Imams, wird von den Schiiten als Trauertag feierlich begangen. Nur der zwölfte Imam wird an seinem Geburtstag (15. Schaʿbân) gefeiert.

Da die Imame aber sündlos und unfehlbar sind, ist ihr Martyrium unverdient: sie leiden unschuldig. Zudem wird angenommen, daß sie alle ihr Schicksal wissend und willig hingenommen haben, insbesondere al-Husain, der nicht in den Irak gezogen sei, um die weltliche Macht des Kalifats an sich zu reißen, sondern um den ihm von Gott bestimmten Märtyrertod zu suchen. So wie Jesus nach Jerusalem zieht, um den Kreuzestod zu sterben, so zieht al-Husain nach Kerbelâ, um die ihm seit Anbeginn der Welt zugedachte Passion auf sich zu nehmen; schiitische Theologen versäumen es nicht, auf diese Ähnlichkeit zwischen Jesus und dem «Fürsten der Märtyrer» hinzuweisen; in einigen schiitischen Texten erlebt al-Husain vor dem Tag von Kerbelâ einen ähnlichen Augenblick der Anfechtung wie Jesus im Garten Gethsemane. Parallelen zu christlichen Vorstellungen drängen sich ferner auf, wenn das Martyrium der unschuldigen Imame als stellvertretendes Leiden gedeutet wird, dem eine rettende Funktion zukommt. Der französische Orientalist Henry Corbin hat in diesem Zusammenhang geradezu von schiitischer «Christologie» gesprochen. Die Unterschiede zu den christlichen Glaubensvorstellungen sind indes nicht zu übersehen. Die Schia kennt die Vorstellung von einer Ur- oder Erbsünde oder von einer konstitutionellen Sündhaftigkeit des Menschen ebensowenig wie der sunnitische Islam, und damit auch nicht den Begriff der Erlösung, für den die islamische Terminologie folglich auch kein entsprechendes Wort hat. Schuld ist immer eine historische – individuelle oder auch kollektive – Schuld, die gesühnt werden muß. Die vierzehn Sündlosen nun nehmen freiwillig einen Teil jener Strafe auf sich, die eigentlich den sündigen Menschen – gemeint sind natürlich nur die «Parteigänger», die Schiiten – gebührt; ihr stellvertretendes Leiden erspart es der Menschheit, von der vollen Gerechtigkeit Gottes getroffen zu werden. Das Verdienst des Selbstopfers berechtigt die Vierzehn daher, eine Mittlerrolle *(wasîla)* bei Gott einzunehmen und beim Jüngsten Gericht mit ihrer Fürsprache *(schafâ'a)* für ihre sündigen Anhänger – die Schiiten – einzutreten; die Rolle Fâtimas als Mittlerin am Jüngsten Tag wird dabei besonders betont.

Sehr früh schon hat sich die Vorstellung von der Präexistenz der Imame entwickelt. Zwar wird stets festgehalten, daß sie nicht ewig sind – dieses Prädikat kommt nur Gott zu – und daß sie als Menschen zur Welt kommen, sterben und auferstehen werden, doch sind ihre Seelen als erste von Gottes Geschöpfen in lichthafter Gestalt vor allen anderen Wesen erschaffen worden; sie sind also nicht aus Staub, sondern aus Licht gemacht. Die schiitischen Theologen mußten jedoch stets auf der Hut sein, um die naheliegende Vergöttlichung der Imame zu vermeiden. Einige schiitische Randgruppen, von den orthodoxen Theologen als «Übertreiber» *(ghulât)* verdammt, sind dieser Versuchung erlegen; ihre Tradition, die vor allem 'Alî göttlichen Rang beimißt und Muhammad als dessen Propheten betrachtet, lebt bis heute in der Sekte der syrischen Alawiten oder Nusairier fort. Wie hoch der Rang der Imame aber auch bei der orthodoxen Zwölfer-Schia angesetzt wird, kann man an der Vorstellung ermessen, daß die Existenz eines Imams für den Fortbestand der Welt unerläßlich sei; gäbe es keinen Imam, so würde der Kosmos sofort vergehen.

In der Volksfrömmigkeit spielen die Vierzehn eine große Rolle. Der Besuch *(ziyâra)* ihrer Gräber und das Weinen über ihr leidvolles Schicksal gelten als verdienstvoll. Ihre Schreine in Nadschaf, Kerbelâ, al-Kâzimiyya bei Bagdad, Maschhad und Samarra sind im Laufe der Jahrhunderte durch fromme Stiftungen *(waqf)* von Privatleuten oder Herrschern zu riesigen Wirtschaftsbetrieben mit Grundbesitz in aller Welt angewachsen;

seit im Iran schiitische Monarchen herrschten (1501), wurden die Schreine mit prächtigen vergoldeten Kuppelbauten ausgestattet. Die Namen der Imame – zusammen mit dem jeweils üblichen Beinamen – sind beliebte männliche Vornamen. Aber auch die «Nachkommen der Imame», die Imâm-zâde's, wie sie in Iran heißen, genießen hohes Ansehen und nach ihrem Tode heiligengleiche Verehrung. Ganz Iran ist von den Kuppelmausoleen der Imâm-zâde's überzogen, die als lokale Heilige verehrt werden; die berühmtesten sind die Schreine der Schwester des achten Imams in Qom und der Schrein des ʿAbdalʿazîm in Rey südlich von Teheran. Auch ihre Namen werden gern als Vornamen verwendet, besonders die der bei Kerbelâ getöteten Söhne und anderen Verwandten al-Husains.

Die Wiederkehr des Mahdi

Der verschwundene zwölfte Imam lebt nach schiitischer Vorstellung irgendwo verborgen auf der Erde; niemand kennt den Zeitpunkt seiner triumphalen Wiederkehr, mit der indes jederzeit gerechnet werden muß. In manchen schiitischen Städten Irans hat man im Mittelalter tagaus tagein ein gesatteltes Pferd bereitgehalten, damit der Imam bei seinem Erscheinen ohne Verzögerung aufsitzen könne. Der Text der Verfassung der Islamischen Republik Iran von 1979 läßt in Artikel 5 der Nennung des verborgenen Imams – als des eigentlichen Staatsoberhauptes – den frommen Wunsch folgen: «Möge Gott seine Wiederkunft beschleunigen!»

Daß der zwölfte Imam den Namen Muhammad trägt, ist kein Zufall, denn er soll die Mission seines gleichnamigen Ahnherrn, des Propheten, vollenden. Sein Beiname ist *al-Mahdî*, der Rechtgeleitete. Dieser Name weckt in jedem Muslim eschatologische Assoziationen. Die Vorstellung von einem künftigen Retter und Erneuerer des Islams, der der Mahdi genannt wird, findet sich nicht nur bei den Schiiten; sie ist in der ganzen islamischen Welt verbreitet, doch nimmt die Mahdi-Erwartung bei den Sunniten keine derart zentrale Position ein, und nur bei den Schiiten sind die damit verbundenen Vorstellungen weitgehend standardisiert. Die Hoffnung, daß ein von Gott gesandter «rechtgeleiteter» Herrscher den politischen und konfessionellen Spaltungen des Islams ein Ende machen und den ungeteilten, reinen Urislam wiederherstellen werde, entstand in jener Epoche am Ende des 7. Jahrhunderts, in der die Einheit der islamischen Umma in blutigen Machtkämpfen um die Nachfolge des Propheten zerbrach. Mehrere Prätendenten wurden damals von ihren Anhängern als der Mahdi proklamiert oder traten selbst mit dem Anspruch hervor, der «Rechtgeleitete» zu sein. Daher ist die Vorstellung vom Mahdi allen islamischen Konfessionen gemeinsam, die sich in jenen Wirren bildeten. Ihre besondere Ausprägung erfuhr die Mahdi-Hoffnung jedoch erst, als sie sich im schiitischen Milieu mit dem Glauben an einen verborgenen Imam verband. Als der elfte Imam scheinbar kinderlos starb und der Glaube an die Existenz eines verborgenen zwölften Imams sich allmählich bei den Schiiten durchsetzte, verband sich die Mahdi-Erwartung mit dieser Figur: der zwölfte Imam Muhammad ist der «Rechtgeleitete», der dereinst wiederkommen wird, «um die Welt mit Gerechtigkeit zu erfüllen, so wie sie jetzt mit Ungerechtigkeit erfüllt ist».

Für die Schiiten ist der zwölfte Imam – auch wenn er abwesend ist – das einzige legitime Oberhaupt aller Muslime; daher ist er auch nach der heutigen Verfassung der Republik Iran deren eigentliches Staatsoberhaupt, und die durch die Revolution von 1979 etablierte Staatsordnung gilt theoretisch als Provisorium. Die Wiederkehr des Mahdi ist seit alters mit utopischen Vorstellungen von der Wiederherstellung jenes Goldenen Zeitalters verbunden, als das die Zeit des Propheten Muhammad allen Muslimen gilt, und diese Utopie ließ sich in der iranischen Revolution leicht mit politischem Inhalt füllen: an die Stelle der klassenlosen Gesellschaft oder anderer revolutionärer Zielsetzungen tritt das Reich der Gerechtigkeit, das der Mahdi errichten wird.

Wie man sich die Wiederkunft des Mahdi vorstellte, soll durch einen Text aus dem späten 10. Jahrhundert illustriert werden. Er stammt aus dem «Buch der Rechtleitung» *(Kitâb al-Irschâd)*, einer Sammlung von Traditionen über die zwölf Imame aus der Feder des Bagdader Schiiten Scheich al-Mufîd.

Schreckliche Vorzeichen kündigen das Erscheinen des Mahdi an:

«Mitten im Monat Ramadân wird sich die Sonne verfinstern, und entgegen der sonstigen Gewohnheit verfinstert sich der Mond am Ende desselben Monats. In Ost und West wird das Land [vom Meer] verschlungen. Die Sonne wird stillstehen vom Zeitpunkt ihres Untergangs bis zur Mitte der Zeit des Nachmittagsgebets; dann wird sie im Westen wieder aufgehen ... Schwarze Fahnen rücken von Ostiran heran, der Jemenit wird rebellieren, der Maghrebiner wird in Ägypten erscheinen und Syrien besetzen, der Türke wird das Zweistromland okkupieren, die Byzantiner werden die Stadt Ramla [in Palästina] einnehmen. Ein Stern erscheint im Osten, der so hell scheint wie der Mond; der Mond aber wird sich so krümmen, daß seine beiden Hörner sich fast berühren. Eine Farbe überzieht den Himmel nach allen Horizonten, und ein Feuer wird sich im Osten zeigen und drei oder gar sieben Tage in der Luft schweben ... Der Euphrat schwillt an, so daß seine Wasser die Straßen von Kufa überfluten. Sechzig Lügner treten auf und geben sich als Propheten aus, und zwölfe aus der Familie des Abû Tâlib werden behaupten, Imame zu sein ... Ein schwarzer Wind erhebt sich am Morgen, und die Erde erbebt; Furcht erfüllt die Iraker und die Einwohner von Bagdad. Rascher Tod tritt hier und da ein; Eigentum, Leben und Ernte werden vernichtet, Heuschreckenschwärme erscheinen zu gewohnter wie zu ungewohnter Zeit, um über Ackerland und Ernte herzufallen, und von dem, was gesät wurde, wird kaum etwas geerntet. Fremde werden sich streiten, und viel Blut wird in ihrem Streit vergossen; Sklaven erheben sich gegen ihre Herren, Häretiker werden in Affen und Schweine verwandelt ... Ein Schrei ertönt vom Himmel, den ein jedes Volk in seiner eigenen Sprache vernehmen wird. Im Zentrum der Sonne werden – jedermann sichtbar – ein Kopf und eine Brust erscheinen. Dann werden die Toten aus ihren Gräbern auferstehen und auf die Erde zurückkehren; sie werden sich erkennen und einander besuchen. Dies alles wird enden in vierundzwanzig Wolkenbrüchen; durch die wird das Land, das tot war, belebt und gesegnet. Daraufhin werden alle Krankheiten und Leiden hinweggenommen von den

Parteigängern *(schîʿa)* des Mahdi – Friede auf ihm! –, die die Wahrheit glauben, und zu diesem Zeitpunkt werden sie wissen, daß er in Mekka erschienen ist, und sie werden hineilen, ihm beizustehen.»

Das Jahr der Wiederkunft des Mahdi ist unbekannt, nur der Tag steht fest: der 10. Muharram, der Tag von al-Husains Martyrium bei Kerbelâ. Gegenüber der Kaʿba wird er auftreten, «und der Erzengel Gabriel wird zu seiner Rechten stehen und alle auffordern, ihm zu huldigen. Seine Parteigänger werden in großer Zahl von den Enden der Erde herbeieilen und ihm huldigen. Dann wird Gott die Erde mit Gerechtigkeit füllen, so wie sie mit Ungerechtigkeit gefüllt war.» Auch wie der Mahdi aussieht, erfahren wir (nach einem Ausspruch des fünften Imams): «Er ist ein junger Mann von mittlerer Statur, mit hübschem Antlitz und schönem Haar, das ihm auf die Schultern fällt. Ein Licht strahlt von seinem Antlitz aus. Haar und Bart sind schwarz.» Sein Reich der Gerechtigkeit wird als das Paradies auf Erden geschildert. «Zu seiner Zeit wird die Ungerechtigkeit verschwinden. Die Straßen werden wieder sicher sein, die Erde wird ihre Gaben hervorbringen, und alles Gut wird seinem Eigner zurückgegeben. Kein Volk einer anderen Religion wird übrigbleiben, das sich nicht zum Islam bekennt ... Zu dieser Zeit werden die Menschen keinen Platz finden, wo sie Almosen geben und sich freigebig zeigen können, denn Reichtum wird alle Gläubigen einen.»

II. Geißlerprozession und Passionsspiel

Die Ursprünge des ʿÂschûrâ-Rituals

Als die zum kollektiven Selbstopfer entschlossenen «Büßer» im Jahre 684 – vier Jahre nach dem Martyrium al-Husains – auf ihrem Zug in den Tod die Ebene von Kerbelâ passierten, verharrten sie einen Tag und eine Nacht am Grab des Imams, um mit geschwärzten Gesichtern zu weinen und zu klagen – weniger um des Todes al-Husains als um ihrer eigenen Schuld willen: sie baten den Märtyrer-Imam um Verzeihung für ihr Versagen. Dieses öffentliche Schuldbekenntnis am Grab des Imams und das Weinen über die eigene Sünde sind die Wurzel jenes großen Komplexes von Buß- und Trauerritualen der Schiiten, die sich vor allem in der ersten Dekade des Monats al-Muharram abspielen und an al-Husains Todestag, dem 10. Muharram oder «Zehner» *('Âschûrâ)*, ihren Höhepunkt erreichen. Sie vergegenwärtigen das Martyrium des dritten Imams und ermöglichen es den Gläubigen, an dessen Leiden teilzuhaben und einen Teil ihrer individuellen Sünden, aber auch der kollektiven historischen Schuld der Schia, abzubüßen.

Man hat den Ursprung der Muharram- oder 'Âschûrâ-Riten in vor- oder außerislamischen Überlieferungen gesucht, etwa in der altorientalischen Klage um den getöteten Frühlingsgott Tammûz (Adonis) oder um den mythischen iranischen Helden Siyâwusch. Aber so weit muß man wohl gar nicht gehen, zumal da der iranische Einfluß auf die Schia im Mittelalter noch gering war und erst seit dem 16. Jahrhundert zur vollen Entfaltung kam. Ursprünglich war die Schia ja ein mesopotamisches Phänomen, und hier, im Zweistromland, lassen sich rituelle Formen wie das Weinen als Bußübung und Teil des Gottesdienstes in größerer räumlicher wie zeitlicher Nähe zu den Anfängen der Schia durchaus finden, und zwar bei allen großen, im Irak vertretenen Religionsgemeinschaften: bei den Manichäern ebenso wie bei den Juden, Christen und frühen Muslimen. Nach dem christlichen Autor Ephrem Syrus aus Edessa (gest. 373) reinigt das Weinen beim Gebet den Körper von Sünden; das mesopotamische Judentum wie auch der irakische Islam kennen den Typus des «Greiners» (arabisch *bakkâ'*), der u. a. durch den Rabbi Abraham Qidonaya (gest. 637) oder den islamischen Theologen al-Hasan aus Basra (gest. 728) vertreten wird. Der babylonische Talmud warnt sogar vor den Folgen übermäßigen Weinens, das zur Erblindung führen könne.

Das gemeinsame Weinen am Grab al-Husains in Kerbelâ ist die älteste Form des schiitischen Rituals. Zwei Formen des Buß- und Klagerituals sind schon im Mittelalter aufgrund vereinzelter Nachrichten nachweisbar: die von einem Sänger vorgetragene Elegie und die Prozession. Beide spielen noch heute eine herausragende Rolle, und beide haben zur Entstehung des szenischen Passionsspiels, der Taʿziye, beigetragen. Das Klagelied (arab. *marthiya*, Plural *marâthî*, oder *nauh*; pers. *nouhe* oder *mâtam*) erzählt die tragischen Ereignisse von Kerbelâ einem weinenden Publikum. Werden die im Lied geschilderten, den Teilnehmern von Kindesbeinen an wohlbekannten Szenen durch stumme Darsteller pantomimisch illustriert, so ist der erste Schritt zum Drama getan. Ein wichtiges dramatisches Element ist auch das Wechselspiel zwischen dem Lied des Sängers und den Reaktionen des Publikums, das mit Ausrufen und Formeln, die bald zum Refrain werden, seinem Vortrag respondiert und als Chorus ins Geschehen einbezogen wird. Mit Recht hat man immer wieder auf die Parallelen zum kultischen Ursprung der griechischen Tragödie hingewiesen.

Die zweite Wurzel des Passionsspiels sind die szenischen Elemente, die schon früh bei den Prozessionen am 10. Muharram nachweisbar sind. Im Jahre 963 durften die Schiiten in Bagdad erstmals das Fest zur Erinnerung an Kerbelâ öffentlich begehen. Der Kalif war damals nur noch eine Marionette in der Hand seines iranischen Oberbefehlshabers, des Buyiden Muʿizz ad-Daula, und seines Wesirs al-Muhallabî; beide waren bekannt für ihre schiitischen Neigungen, und unter ihrer Protektion konnten sich die Schiiten nun an ihren Festen auch in dem überwiegend sunnitischen Bagdad in der Öffentlichkeit zeigen. Ein Bagdader Chronist notiert unter dem Jahr 963: «Am 10. Muharram wurden in Bagdad die Märkte geschlossen, und man stellte allen Verkauf ein: die Metzger schlachteten nicht, und die Garköche kochten nicht. Unablässig baten die Leute um einen Schluck Wasser. In den Sûqs wurden Zelte aufgeschlagen und mit Filzdecken behängt; die Frauen zogen mit aufgelöstem Haar in den Marktgassen umher und schlugen sich die Gesichter; es erhob sich die Totenklage um al-Husain.»

Dieser älteste Bericht über die Prozessionen am 10. Muharram zeigt das Ritual schon in ausgebildeter Form. Gewiß haben die Schiiten aber ihr Fest auch schon früher gefeiert; im Jahr 963 taten sie es nur erstmals mit obrigkeitlicher Erlaubnis, was fortan immer wieder zu blutigen Zusammenstößen mit sunnitischen Zuschauern führte, die sich durch das schiitische Ritual, vor allem durch die dabei üblichen Schmähungen prominenter Gefährten des Propheten Muhammad – der Gegner des ersten Imams ʿAlî – provoziert fühlten. Die kurze Notiz aus der Bagdader Chronik registriert nicht nur die Totenklage der Frauen, sondern auch das Aufschlagen von Zelten, die das Lager al-Husains und der Seinen bei Kerbelâ darstellten, und das Betteln der Prozessionsteilnehmer um einen Schluck Wasser: der Durst, den die Märtyrer litten, als ihnen der Weg zum Euphrat versperrt war, wird hier vergegenwärtigt. Dieselben szenischen Elemente gehören auch heute noch zum festen Bestand der ʿÂschûrâ-Umzüge.

Während der Herrschaft der aus Nordwestiran stammenden schiitischen Condottieri-Familie der Buyiden (945–1055) – die allerdings das sunnitische Kalifat in Bagdad nicht antasteten – erfuhren die Schiitengemeinden im Irak und in Iran Schutz und Förderung; diese Epoche ist eine der wichtigsten in der Geschichte der Entwicklung des schiitischen Rituals, des Rechts und der Literatur. Die Zahl der Schiiten scheint damals auch in den Städten Irans beträchtlich zugenommen zu haben. Schiitengemeinden finden wir im 12. Jahrhundert nicht nur in Qom, sondern auch in Rey (südlich des heutigen Teheran), in Varâmîn, Qazvîn, Âveh, Hamadân, Kâschân und Isfahân, ferner am Südufer des Kaspischen Meeres und in den ostiranischen Städten Sabzavâr, Nîschâpûr und Tûs; in der Nähe der letzteren lag in Maschhad der Schrein des achten Imams ʿAlî ar-Ridâ (persisch Reza). Auch nach Westen fand die Schia ihren Weg; die Bewohner des nordsyrischen Halab (Aleppo) waren damals überwiegend Schiiten.

Die Schiitisierung Irans unter den Safaviden (1501–1722)

Im Jahr 1501 wurde der erst fünfzehnjährige Ismâʿîl, das geistliche Oberhaupt eines aserbeidschanischen Derwisch-Ordens, von seinen turkmenischen Anhängern in Tabrîz zum König der

Könige *(schâhân-schâh)* ausgerufen; bis zum Jahre 1510 hatte er ganz Iran und Irak seiner Herrschaft unterworfen. Ismâ'îl ist der Begründer der Dynastie der Safaviden, die bis 1722 regierte und Iran zu einem schiitischen Land machte. Schah Ismâ'îl selbst hatte bereits bei seiner Thronbesteigung das schiitische Bekenntnis zur Staatsreligion erklärt. Da aber die Mehrheit der Bevölkerung noch immer sunnitisch war und eine schiitische Infrastruktur fehlte – einen schiitischen Gelehrtenstand mit eigener Wissens- und Bildungstradition gab es in Iran noch nicht –, holten er und seine Nachfolger aus dem Irak, aus der Golfregion und dem seit alters schiitischen südlichen Libanon arabische Gelehrte ins Land, die nun zielstrebig die Schiitisierung des Landes vorantrieben; viele iranische Mollâ-Familien sind sich noch heute ihrer arabischen, oft libanesischen Herkunft bewußt. Am Ende des 17. Jahrhunderts war Iran dann ein überwiegend schiitisches Land; ein regelrechter schiitischer «Klerus» war entstanden.

Aus der Zeit der Safaviden haben wir die ersten Berichte westlicher Reisender, die uns die Muharram-Riten detailliert beschreiben. Der früheste ist wohl der des Engländers Thomas Herbert, dessen *Relation of Some Yeares Travaile into Afrique, Asia, Indies* 1634 in London gedruckt wurde. Er berichtet: «Sie feiern den Tod Hassans, des ältesten Sohnes Halis, alljährlich mit mancherlei Zeremonien. Ich habe sie gesehen, wie sie neun Tage lang in großer Menge in den Straßen *Hassan, Hassan* riefen, so laut, daß manche nicht mehr schreien konnten, da ihre Stimme dahin war; am neunten Tag finden sie ihn dann (sie glauben ihn in einem Wald verloren) oder jemanden an seiner Statt, und dann bringen sie ihn in einem großen *hurly burly* – Männer, Mädchen und Knaben – mit dem Ruf *Hassan, Hassan* mit Trommeln und Pfeifen zur Moschee, und so beenden sie diese ihre Orgie nach mancherlei Bewunderung und Danksagung.»

Der nächste Zeuge ist der türkische Reisende Evliyâ Tschelebî, der 1640, ein Jahr nach dem definitiven Friedensschluß zwischen den Safaviden und den sunnitischen Osmanen-Sultanen, an den Hof des Schahs von Persien kam. Er schildert, wie die Rezitation einer Marthiya, einer Elegie auf den Tod al-Husains, auf die zuhörende Menge wirkt: «Wenn der Rezitator an die Stelle kommt, wo geschildert wird, wie der verfluchte Schemr den bedrängten Imam Husain tötet, werden Nachbildungen der Leichen der toten Kinder des Imams auf das Feld getragen. Beim Anblick dieses Schauspiels wird aus der Menge ein Rufen, Schreien und der Klageruf ‹Ach Husain!› hörbar, und alle Zuschauer weinen und klagen. Hunderte von fanatischen Anhängern Husains schlagen sich und verwunden sich Kopf, Gesicht und Körper mit Schwertern und Messern. Aus Liebe zu Imam Husain lassen sie ihr Blut fließen. Der grüne Rasen wird blutbefleckt und sieht aus wie ein Mohnfeld. Dann werden die Scheintoten vom Feld weggetragen, und die Geschichte von Husains Märtyrertod wird zu Ende rezitiert.» Der Bericht des Evliyâ Tschelebî ist der älteste, der die Selbstverwundungen mit Schwertern und Messern erwähnt. Mit dem Hereintragen von kleinen Jungen, die die Leichen der erschlagenen Söhne al-Husains darstellen, haben wir ein weiteres szenisches Element, das zum späteren Passionsspiel hinführt; solche «lebenden» Bilder sind auch heute noch bei den Prozessionen üblich.

Der französische Reisende Jean-Baptiste Tavernier war 1667 einer der ersten, der die rituellen Straßenkämpfe beobachtete, in denen die von den einzelnen Stadtvierteln gestellten Umzüge die Kämpfe von Kerbelâ lebendig werden lassen und die Teilnehmer, auf beiden Seiten mit dem Ruf *Yâ Husain* auf den Lippen, sich ins Getümmel stürzen, um ihre Bereitschaft zu demonstrieren, für den Imam zu kämpfen und notfalls das Martyrium zu erleiden. Auch der aus Lemgo stammende Engelbert Kaempfer, der 1684/85 als Arzt und Sekretär einer schwedischen Gesandtschaft in Isfahân weilte, berichtet: «Zu den bösesten Zusammenstößen kommt es am Jahrestag der Ermordung Hoseins; in der Erregung über das schmähliche Schicksal der Aliden geraten die Volksmassen aneinander und schlagen sich gegenseitig die Köpfe blutig.»

Die Elegie

Der Ursprung des ʿÂschûrâ-Rituals liegt in der Klage und Selbstanklage, die die Ereignisse von Kerbelâ in Erinnerung ruft und von Gesten, Bildern und pantomimischen, später auch dialogischen Szenen illustriert wird. Die Totenklage heißt arabisch *marthiya* oder *nauh*, auch *taʿziya* («Beileidsbekundung»); persisch *nouhe* oder *mâtam*. Diese Wörter nahmen jedoch im Laufe der Zeit in verschiedenen Ländern der schiitischen Welt Sonderbedeutungen an; so bezeichnet man mit *taʿziya* im arabischen und persischen Raum das szenische Passionsspiel, in Indien dagegen die in der Prozession mitgeführten Nachbildungen von Särgen und Gräbern; das persische *mâtam* wird in Indien als Bezeichnung für die Selbstgeißelungen verwendet.

In Iran entstand der Prototyp der Elegie Ende des 15. Jahrhunderts: Husain Wâʿez Kâschefî ist der Autor des «Gartens der Märtyrer» *(Raudat asch-schuhadâ')*; das arabische Wort für «Garten» ist in seiner persischen Aussprache *Rouze* zum Namen der ganzen Gattung geworden. Der Rezitator einer solchen Elegie, der «Rouze-Sänger» *(rouze-chân)*, kann ins Haus bestellt werden; er gehört zu den wenigen Fremden, denen der Zutritt zum privaten Teil des Wohnhauses *(andarûn)*, in dem sich auch die Frauen aufhalten, gestattet wird. Die Frauen nehmen an den Darbietungen des Rouze-chân lebhaften Anteil. In den schiitischen Städten oder Stadtvierteln gibt es besondere Versammlungslokale, die eigens für die ʿÂschûrâ-Zeremonien bestimmt sind. In Iran heißen diese Festhäuser *tekye* oder *Hoseiniyye*, in Indien *ʿÂschûr-châne*. Sie werden von den Gilden, Bünden oder Vereinen der einzelnen Stadtviertel, die auch die Prozessionen ausrichten, unterhalten und dienen nicht nur zur Aufbewahrung des kultischen Geräts, sondern auch als Vereinslokal, in dem Rezitationen, Selbstgeißelungen und Passionsspiele stattfinden. In Iran sind sie oft mit Bilderzyklen – gemalt oder auf Fliesen – geschmückt, die die Episoden der Passion darstellen.

Die Rezitation der Rouze ist nicht an den Passionsmonat Muharram und auch nicht an die Todestage der Märtyrer-Imame gebunden; sie kann das ganze Jahr über zu feierlichen Gelegenheiten stattfinden. Eine Sonderform ist das «Vorhangaufhängen» *(pardedârî)*: auf einer großen Leinwand von etwa zwei Metern Höhe und vier Metern Breite sind – nach dem Prinzip des Horror vacui – die Szenen von Kerbelâ aufgemalt, in der Mitte gewöhnlich übergroß al-Husain auf seinem Schimmel, wie er einem Gegner mit dem Schwert den Kopf spaltet; wie ein Bänkelsänger trägt der Rezitator die Szenen der Passion vor, indem er mit einem Zeigestock die entsprechenden bildlichen Darstellungen erläutert.

Die zehn Tage des Muharram

Den Höhepunkt des schiitischen Festkalenders bilden die zehn ersten Tage des ersten Monats des islamischen Jahres, des Muharram. Da das islamische Mondjahr um 11 Tage kürzer ist als unser Sonnenjahr, verschieben sich alle Daten gegenüber unserem Kalender jedes Jahr um 11 Tage, so daß Festmonate wie der Ramadân oder der Muharram an keine bestimmte Jahreszeit gebunden sind; alle islamischen Feiertage wandern also rückwärts durch das Sonnenjahr.

Die zehntägigen Muharram-Riten erinnern an die Zeit, da die kleine Schar des Imams al-Husain in der Ebene von Kerbelâ von den Regierungstruppen des Statthalters von Kufa blockiert wurde. Im Mittelpunkt eines jeden der zehn Festtage steht eine andere Episode des Passionsgeschehens; die Rezitationen, die Umzüge mit ihren mitgeführten Emblemen und Standarten *(ʿalam)* oder lebenden Bildern und die Aufführungen der Passionsspiele folgen in ihren Darstellungen diesem vorgegebenen Ablauf der Ereignisse. Vom 1. bis 3. Muharram wird der Ankunft al-Husains in Kerbelâ und seiner fruchtlosen Verhandlungen mit den Repräsentanten des Kalifen Yazîd gedacht. Am 4. feiert man das Martyrium des Hurr at-Tamîmî, des Kommandeurs der feindlichen Kavallerie, der in der schiitischen Passion die Rolle des «reuigen Schächers» spielt: er bereut seine Sünde, läuft zu al-Husain über und findet an der Seite des Imams den Tod. Am 5. beweint man das Martyrium von ʿAun und Muhammad, den kleinen Söhnen von al-Husains Schwester Zainab. Der 6. Muharram ist der Tag von al-Husains ältestem Sohn, dem achtzehnjährigen ʿAlî al-Akbar, der an der Seite seines Vaters getötet wird und in dessen Schoß stirbt. Mancherorts feiert man an diesem Tage auch den jüngsten Sohn des Imams, den Säugling ʿAlî al-Asghar, der durch einen Pfeilschuß in die Kehle getötet wird; zur Erinnerung an ihn wird in den Prozessionen dieses Tages oft eine Wiege mitgeführt. Am 7. Muharram wird des jungen al-Qâsim ibn al-Hasan gedacht, des unglücklichen Bräutigams, der am Tage seiner Hochzeit mit der Tochter seines Onkels al-Husain fällt, und am 8. feiert man al-ʿAbbâs, den Halbbruder des Imams, dem bei dem Versuch, den dürstenden Märtyrern Wasser aus dem Euphrat zu holen, beide Arme abgeschlagen werden. Der «Neuner» *(Tâsûʿâ)* und der «Zehner» *(ʿÂschûrâ)* bilden den Höhepunkt der Feiern; an diesen Tagen steht der Tod des Imams al-Husain selber auf dem Programm; in der Regel treten die Geißler und Schwertschläger erst zu diesem Zeitpunkt auf. Veranstalter der Zeremonien und Umzüge sind städtische Vereine, die im Prinzip im libanesischen an-Nabatiyya ähnlich funktionieren wie im irakischen al-Kâzimiyya, in Iran oder im indischen Haidarabad.

Das Passionsspiel

Das arabische Wort *taʿziya* bedeutet eigentlich «Beileidsbezeigung» und meinte ursprünglich die Gesamtheit der ʿÂschûrâ-Riten. In Iran ist es (in der Aussprache *taziyat* oder *taziye*) die Bezeichnung für das Passionsspiel geworden, in dem die Episoden von Kerbelâ in dialogisierenden Szenen dargestellt werden, während man in Indien damit die in den Prozessionen mitgeführten Särge benennt. Solche szenischen Elemente enthielten die ʿÂschûrâ-Riten schon im Bagdad des 10. Jahrhunderts: Zelte wurden aufgeschlagen, die das Lager al-Husains vorstellten; man bat Passanten und Zuschauer um einen Schluck Wasser, um an den Durst der Märtyrer zu erinnern. In den Reiseberichten aus der Zeit der Safaviden (1501–1722) ist häufig von mitgeführten Gegenständen und «lebenden» Bildern – etwa der

Abb. 3: Aufführung einer Taʿziye in einem Dorf (1860/61)

toten Kinder in ihren Särgen – die Rede. Für ein regelrechtes Drama mit gesprochenen Dialogen gibt es jedoch für die Safaviden-Zeit keinen einzigen Beleg. Anscheinend ist die Taʿziye erst im 18. Jahrhundert in Iran entstanden; frühestes Zeugnis für gespielte Szenen ist der Bericht des englischen Reisenden William Francklin aus den Jahren 1786–1787. Ein weiterer Engländer, James Morier, der in den Jahren 1810 bis 1816 von Indien nach Konstantinopel reiste, hat als erster Europäer die Taʿziye ausführlich beschrieben; im 19. Jahrhundert häufen sich dann die Berichte. Die obenstehende bildliche Darstellung einer Taʿziye-Aufführung stammt aus dem Bericht von Heinrich Brugsch über die königlich preußische Gesandtschaft nach Persien (1860/61). Sie zeigt die Darsteller, darunter mehrere Kinder, mit ihren Rollen in der Hand; es ist bis heute durchaus üblich, daß man abliest und daß der Spielleiter – oft der Autor selber – soufflierend und Regieanweisungen erteilend auf der Szene zugegen ist, ohne daß das Publikum dies als desillusionierend empfindet.

Roy Mottahedeh, dem wir eines der besten Bücher über die Geisteswelt der iranischen Schiiten verdanken, bemerkt zur

Ta'ziye: «Im allgemeinen sprechen die Helden in Versen, die Schurken in Prosa; die Hauptpersonen tragen Grün und Weiß, die Gegenspieler Rot. Seit ein paar Generationen tragen die Soldaten britische Offiziersjacken statt Panzerhemden, und schon seit über hundert Jahren dreht sich eines der Paradestücke um den ‹Gesandten der Europäer›, der in schöner Geringschätzung der Chronologie am Hofe Yazids, des Unterdrückers Husseins, erscheint und um dessen Leben bittet. Gelehrte Typen tragen oft Brille, und neuerdings tragen die schlechten Charaktere Sonnenbrillen. – Das Passionsspiel oder *ta'ziye* ist kein illusionistisches Theater und will das auch in keiner Weise sein. Eine Schüssel Wasser stellt den Euphrat dar, und wenn der Engel Gabriel einen Regenschirm hat, dann weiß das Publikum, daß er gerade vom Himmel gekommen ist ... Es ist tatsächlich die Gemeinsamkeit der Empfindung und das Fehlen jeder festen Schranke zwischen Schauspielern und Zuschauern, was diesen Spielen ihre Kraft gibt. Schauspieler und Zuschauer fließen ineinander, so wie in einem persischen Manuskript Text und Miniaturen ineinanderfließen. Wenn heute in dem Stück über Qasem, das Francklin vor zweihundert Jahren beschrieb, die Hochzeitsszene gespielt wird, wird im Publikum zur festlichen Musik Konfekt verteilt. Dann erscheint auf der fröhlichen Szene plötzlich das reiterlose Pferd von Husseins ältestem Sohn ['Alî al-Akbar], der die kleine Schar während der Hochzeit verteidigt hat. Qasem geht durch die Zuschauer (denn wir haben hier eine Rundbühne), um das ‹Schlachtfeld› zu erreichen, und bald kehrt er an der Spitze einer Prozession zurück, die den erschlagenen Sohn Husseins auf Schilden trägt. Alle Zuschauer erheben sich und weinen, wie bei einer echten Leichenprozession. Und weil es ein Zeichen der Hochschätzung für den Verstorbenen ist, den Sarg zu tragen, heben auch die entfernt Stehenden die Hände hoch, als würden sie mit anfassen. Der Leichnam wird zu den Klängen der Trauermusik auf der Bühne abgelegt, und dann setzt die ausgelassene Hochzeitsmusik wieder ein. Das Publikum ist zwischen Lachen und Weinen hin- und hergerissen, während sich die widersprüchlichen Szenen abwechseln. Zwischendurch ist der Spielleiter auf der Bühne herumgegangen, hat erzählende Zwischentexte vorgetragen und sich in traurigen Momenten erregt auf die Brust geschlagen ... Die Schauspieler sollen sich mit den Personen, die sie darstellen, nicht identifizieren. Dies ist auch theologisch verboten, obwohl der Glaube verbreitet ist, daß nur ein guter Mensch Hussein wirkungsvoll spielen kann und daß nur ein schlechter Charakter einen überzeugenden Schemr (den Mörder Husseins) abgibt. Statt dessen werden Darsteller und Zuschauer gleichermaßen von Freude und Entsetzen über die Ereignisse ergriffen; ja, manche Schauspieler sagen, sie würden durch die Erregung der Zuschauer verwandelt. Die Erregung der Zuschauer wird durch Signale erzeugt, die den Gefühlsgehalt der dargestellten Vorgänge anzeigen. Und da dies kein Spannungstheater ist, da jeder die Ereignisse im voraus kennt, sind die Höhepunkte nicht immer mit den kritischen Ereignissen verbunden; sie kommen vielmehr dann, wenn die kritischen Signale erscheinen. Der Höhepunkt des Stücks zu Aschura tritt nicht ein, wenn Hussein auf offener Szene getötet wird, sondern in dem Augenblick, wo er das weiße Totenhemd anlegt. Hussein ist nach Kerbela gegangen im vollen Wissen um die Prophezeiung, daß er dort getötet würde, so wie er es in einem Stück ausdrückt: ‹Die Menschen reisen bei Nacht, und ihr Schicksal reist ihnen entgegen.› Das Anlegen des Totenhemdes ist das krönende Symbol dafür, daß er sich den Märtyrertod erwählt hat. Die Gefühle von Entsetzen und Leid erreichen den Höhepunkt, nicht weil die Zuschauer ‹Einfühlung› in die vom Schauspieler dargestellte ‹Person› haben, sondern weil sie das Dramatische der Rolle des Märtyrertums empfinden, an das er sie erinnert.»

Das 19. Jahrhundert war die große Zeit der Taʿziye. Nach einer Englandreise im Jahre 1873 ließ Schah Nâsir ad-Dîn, beeindruckt durch ein Konzert, das er in der Londoner Albert Hall erlebt hatte, für die Taʿziye-Aufführungen in Teheran die «Staats-Tekye» *(tekye-ye doulat)* erbauen, eine Art Amphitheater, das durch eine Zeltkuppel vor der Sonne geschützt werden konnte. Gegen Ende des Jahrhunderts hatte jeder größere Ort in Iran ein festes Lokal für die Taʿziye. Einen schweren Schlag erhielt das persische Passionsspiel durch das Verbot des ersten Pahlavî-Herrschers Rezâ Schâh (1925–1941), der – ähnlich

Kemal Atatürk in der Türkei – den Einfluß der Religion auf das öffentliche Leben gänzlich zu unterdrücken suchte und alle ʿÂschûrâ-Riten verbot. Nur heimlich konnten die Prozessionen abgehalten und Taʿziyes aufgeführt werden. Nach der Absetzung Rezâ Schahs durch die Briten 1941 lebten die Muharram-Riten in Iran wieder auf, doch hat sich die Tradition der Taʿziye von der jahrzehntelangen Unterbrechung nicht wieder erholt; sie hat in Iran ihre frühere Bedeutung nicht wiedererlangt. Nicht nur der reformerische Herrscher, sondern auch der schiitische Klerus stand dem Theater mißtrauisch gegenüber. «Die Mullahs blieben darüber im ungewissen, wie sie dieses Theater des volksmystischen Erlebens einordnen sollten. Einige duldeten es als ein machtvolles Instrument, um die Massen an die Bedeutung von Husseins Sendung zu erinnern; denn hatte der Herr der Märtyrer nicht gesagt: ‹Ich werde getötet, damit sie weinen?› Andere verurteilten es als groben Versuch, Personen darzustellen, die so heilig waren, daß jede Darstellung sie verfälschte und daher entehrte» (Roy Mottahedeh). Im heutigen Iran ist die Taʿziye – oder was davon noch übrig ist – allenfalls geduldet, doch kann man sie selbst in Teheran auf Straßen und Plätzen wieder sehen.

Brustschläger und Geißler

«Während der zehn Tage des Moharrem ist die ganze Nation in Trauer. Der König, die Minister, die Beamten tragen Schwarz oder Grau. Fast jedermann hält es ebenso. Aber das Volk begnügt sich nicht mit dieser regelgerechten Trauer. Das Hemd, das bei den Persern nicht nach europäischer oder arabischer Weise in der Mitte der Brust, sondern auf der rechten Seite geschlossen wird, muß offen sein, so daß es die Haut frei läßt. Es ist dies ein Zeichen großen Kummers, und man sieht die Maultiertreiber, die Soldaten, die Ferraschs [Lakaien] den Dolch an der Seite, die Mütze auf dem Kopf, so mit offenem Hemd und nackter Brust herumlaufen. Ihre rechte Hand formen sie zu einer Art Schale und schlagen sich damit heftig und im Takt unter die linke Schulter. Das bringt ein dumpfes Geräusch hervor, das, wenn es von vielen Händen erzeugt wird, auf große Entfernung zu hören ist und einen großen Eindruck macht. So begleiten die Bruderschaften ihre Gesänge, die unerläßlichen Zwischenspiele der Taʿziyehs. Manchmal fallen die Schläge schwer und im Abstand und scheinen den Rhythmus träge zu machen, manchmal sind sie hastig und in schneller Folge und erregen die Zuschauer. Haben die Bruderschaften einmal begonnen, dann kommt es fast immer dahin, daß nahezu das gesamte Publikum, vor allem die Frauen, es ihnen nachtut. Auf Zeichen des Chefs der Bruderschaft singen alle Mitglieder, schlagen sich und beginnen, auf der Stelle in die Höhe zu springen, indem sie immer wieder über kürzere oder längere Zeit mit kurzer, abgehackter Stimme rufen: Hasan! Husain! Hasan! Husain!»

Diese Schilderung des Rituals der Brustschläger (persisch *sîne-zan*) verdanken wir dem Grafen Gobineau, der sich 1855–1858 als Diplomat in Iran aufhielt. Schon der oben (S. 43 f.) zitierte Bericht Evliyâ Tschelebîs erwähnt die Brustschläger; offenbar gehört das Brustschlagen *(sîne-zanî)* zu den ältesten Muharram-Riten. Es ist zudem dasjenige, das alle Gläubigen, auch Greise, Frauen und Kinder, vollziehen können und zu dem sich selbst die Mollâs nicht zu schade sind. Neben dem einfachen *mea culpa*-Gestus steht die verschärfte Form, wie sie Gobineau beschreibt und wie sie nur von kräftigen, meist jungen Männern ausgeführt werden kann. Es gibt verschiedene Techniken, etwa die einhändig (persisch *yak dast*) mit der Rechten oder die mit beiden Fäusten *(dô dast)* ausgeführte Version. Bei der letzteren, die auch als «persisch» *(ʿadschamî)* bezeichnet wird, heben die Büßer beide Arme im Wechsel hoch über den Kopf und lassen sie dann mit großer Wucht auf die Brust fallen. David Pinault, der die Riten im indischen Haiderabad beobachtet hat, erwähnt wie Gobineau das weithin dröhnende Geräusch; der britische Kolonialbeamte Thomas Lyell notierte während des zweiten Weltkriegs im Irak, daß das Dröhnen der Brustschläger von Nadschaf in stillen Nächten noch in einer Distanz von drei Meilen in der Wüste zu hören war. Diese intensive Form des *sîne-zanî* ist den Männern, meist den jüngeren, vorbehalten, die darin einen regelrechten sportlichen Ehrgeiz entwickeln.

Gobineau schildert auch den Auftritt einer Gruppe von Bruderschaften, die von den Persern als «Berber» *(berberî)* bezeichnet wurden: «Sie tragen Eisenketten und spitze Nadeln in den Händen. Einige von ihnen haben in jeder Hand eine Holzscheibe. In Prozession ziehen sie in die Tekye ein und intonieren – zunächst ziemlich langsam – eine Litanei, die nur aus zwei Namen besteht: Hasan! Husain! Hasan! Husain! Die Tamburine begleiten sie mit immer schnelleren Schlägen. Diejenigen, die die Scheiben halten, schlagen diese im Takt aneinander, und alle beginnen zu tanzen. Das Publikum begleitet sie, indem es sich in der schon oben beschriebenen Weise die Brust schlägt. Nach einiger Zeit beginnen die Berberis sich mit ihren Ketten zu geißeln, zunächst nur leicht und mit deutlicher Vorsicht; dann erregen sie sich und schlagen stärker zu; diejenigen, die Nadeln tragen, beginnen, sich in Arme und Wangen zu stechen; das Blut fließt, die Menge berauscht sich und schluchzt, die Erregung steigt, doch wenn sie überhandzunehmen droht, läßt der Chef der Bruderschaft, der durch die Reihen eilt, die Schwachen anspornt und die Arme derer festhält, die zu sehr rasen, plötzlich die Musik schweigen und macht dem Ganzen ein Ende. Es ist schwer, sich dem Eindruck einer solchen Szene zu entziehen; man fühlt gleichzeitig Mitleid, Sympathie, Entsetzen. Manchmal erlebt man, wie die Berberis in dem Augenblick, da der Tanz endet, ihre von Ketten umschlungenen Arme zum Himmel erheben und mit einer so tiefen Stimme und so herrischem und zuversichtlichem Blick *Ya Allah* rufen, daß man vor Verwunderung erstarrt, so sehr ist ihr Wesen gleichsam verklärt.» Gobineaus scharfes Auge hat bemerkt, daß diese Geißelungen unter strenger Kontrolle gehalten werden. Das gilt insbesondere dann, wenn kleine Jungen daran teilnehmen; man achtet sorgfältig darauf, daß sie sich nicht ernsthaft verletzen; eine Ambulanz ist heute in der Regel stets in der Nähe. Daß die Raserei den Umstehenden gefährlich werden könne, ist ein von Europäern oft kolportiertes falsches Gerücht; fremde, auch nichtmuslimische Zuschauer sind durchaus zugelassen, ja werden meist freundlich eingeladen. In Gewalttätigkeiten münden die Muharram-Zeremonien nur dann, wenn die

Schiiten durch sunnitische oder hinduistische Störer provoziert werden.

Die blutigen Rituale sind in der Regel den drei letzten Tagen der Muharram-Dekade vorbehalten; sie sind ein Privileg der jüngeren Männer, der Vereine und Bruderschaften, die so – stellvertretend für die schiitische Gemeinschaft – Buße tun und Verdienst erwerben. Neben den Kettengeißlern (persisch *zandschîr-zan*) treten die Schwert- oder Dolchschläger *(tîgh-zan)* auf, die sich die Stirn blutig schlagen; dabei tragen sie weiße Totenhemden, um ihre Bereitschaft zum Martyrium zu zeigen. Kleine Jungen nehmen häufig – unter strenger Aufsicht – an den Geißelungen teil; die meisten Märtyrer von Kerbelâ waren ja Kinder und Jugendliche; blutige Selbstgeißelungen von Frauen sind dagegen äußerst selten und gelten durchweg als unzulässig. Auch die Mollâs geißeln sich nicht. Die ekstatischen Rituale sind der Welt der Kanonisten und Juristen fremd. Nach der *scharî'a* macht die Befleckung mit Blut rituell unrein; eine solche Selbstbefleckung als religiösen Ritus zu praktizieren, erscheint manchen Mollâs als Perversion. Pinault berichtet, wie der Sohn des irakischen Groß-Âyatollâh Chû'î, Âyatollâh Abu l-Qâsim, der nach Indien gekommen war, um von den schiitischen Gemeinden die Steuer zu erheben, nach jedem Besuch eines 'Âschûrchâneh nach Hause eilte, um sich durch rituelle Waschungen von der Befleckung mit dem Blut der Geißler zu reinigen. Immer wieder haben sich schiitische Gelehrte mit einem Rechtsgutachten *(fatwâ)* gegen die Zulässigkeit der Geißelungen gewandt, die sie als unzulässige «Neuerung» *(bid'a)* betrachteten, was im Islam soviel wie «Häresie» bedeutet, doch sind viele Mollâs selber in der jahrhundertealten Tradition ihrer Gemeinden aufgewachsen und sehen in den blutigen Riten etwas ganz Normales, ja Verdienstvolles. Im heutigen Iran sind die blutigen Geißelungen – wie auch die Passionsspiele – zwar nicht ausdrücklich verboten, gelten jedoch als verpönt und werden nur stillschweigend geduldet; das Revolutionsregime zieht es vor, den religiösen Enthusiasmus für seine eigenen Zwecke zu kanalisieren. Bei den Umzügen geißeln die Teilnehmer sich den (bekleideten) Rücken eher symbolisch mit Geißeln aus kleinen Kettchen.

Im Ritual der Selbstgeißelung sind Bußfertigkeit und Passionsbereitschaft unlösbar miteinander verbunden; sie machen den eigentlichen Kern der schiitischen Religiosität aus. Eigentlich ist der sündige Schiit des Todes würdig; nur sein Tod vermag seine Schuld zu löschen. In der Geißelung wird das fällige Selbstopfer ritualisiert und damit wiederholbar – und überlebbar – gemacht: der Gläubige stellt nicht nur seine Bereitschaft unter Beweis, sein Blut zu vergießen und sein Leben hinzugeben, sondern er vergießt tatsächlich einen Teil seines Blutes; ein Teil der Schuld ist damit abgebüßt, und er darf für ein Jahr weiterleben – bis zum nächsten ʿÂschûrâ.

III. Der Islam der Mollâs

Die Stellvertretung des Verborgenen Imams

Das rechtmäßige Oberhaupt *(imâm)* der islamischen Gemeinde – also aller Muslime auf der Welt – ist nach schiitischer Auffassung der zwölfte Imam Muhammad al-Mahdî, den sein Vater versteckt hatte, um ihn dem Zugriff der weltlichen Obrigkeit – des Kalifen von Bagdad – zu entziehen. Seit dem Tod des elften Imams im Dezember 873 oder Januar 874 hat der Islam also – nach schiitischer Auffassung – kein sichtbares Oberhaupt mehr, das auf die Nachfolge des Propheten Muhammad rechtmäßigen Anspruch erheben könnte. Der Verborgene Imam soll zwar noch bis 941 durch Mittelsmänner, sogenannte «Botschafter», mit seinen Anhängern in Kontakt gestanden, sich dann aber in die «große Abwesenheit» *(al-ghaiba al-kubrâ)* zurückgezogen haben. Die Institution der «Botschafter» erwies sich wohl auf die Dauer als nicht praktikabel, so daß sie aufgegeben wurde. Die Schia mußte nun andere Modelle entwickeln, um die geistliche Leitung ihrer Gemeinden zu organisieren und verbindliche Autorität zu etablieren. Die Geschichte der Schia ist die Geschichte dieser Versuche; sie dauern bis heute an, wie die Vorgänge in Iran zeigen.

Nach der schiitischen Theorie ist der Verborgene Imam als Nachfolger des Propheten und als Garant der von Gott gewollten irdischen Ordnung der einzige rechtmäßige Herrscher auf Erden; jede nicht von ihm delegierte Autorität und Macht gilt als angemaßt. Da aber der Verborgene Imam auch nach Ansicht der Schiiten keinen Stellvertreter benannt und in seinem Abschiedsschreiben sogar jeden als Betrüger gebrandmarkt hatte, der künftig in seinem Namen auftreten werde, ist für die Schiiten im Prinzip jede Herrschaft Usurpation, jede Machtausübung Tyrannei. Diese rigorose Position erklärt sich aus der Situation der Schia im frühen Mittelalter. Die Abbasiden-Kalifen von Bagdad (749–1258) waren Sunniten; sie galten als Bedrücker der wahren Gläubigen und als Mörder der Märtyrer-Imame; die Schia war eine oppositionelle Minderheit ohne Aussicht, selbst die politische Macht zu erringen, und konnte sich so leicht von jeder Herrschaft distanzieren. Gleichwohl hätte die Schia als Sekte kaum überleben können, wenn sie nicht Gemeindestrukturen entwickelt und Autoritäten anerkannt hätte. Dies war aber immer nur möglich unter dem Vorbehalt, daß alle legitime Macht in der Hand des Imams vereinigt war – ein äußerst schwieriges Unterfangen, wenn dieser selbst seine Autorität an niemanden delegiert hatte.

Als alleiniges Oberhaupt der Gemeinde hatte der Imam in der Theorie allein das Recht, bestimmte Funktionen auszuüben (oder eben zu delegieren). Es waren dies all jene Funktionen und Aufgaben, die der Prophet Muhammad in der Urgemeinde von Medina persönlich wahrgenommen hatte: er war der Leiter des gemeinsamen Ritualgebetes *(salât)* der Muslime gewesen, er hatte die Predigt *(chutba)* gehalten, er hatte die Muslime im «Einsatz» *(dschihâd)*, d.h. bei kriegerischen Aktionen gegen die Feinde des Islams – die heidnischen Mekkaner – angeführt, hatte Streitigkeiten geschlichtet, Gericht gehalten, Strafen verhängt und vollstrecken lassen, und er hatte die Abgaben eingezogen, die die Angehörigen der Umma als Solidaritätsbeitrag für die Armen und Schwachen an die Gemeinschaft abzuführen hatten. Er hatte als Oberhaupt eines gleichzeitig religiösen und politischen Gemeinwesens fungiert, Gesandte ausgeschickt und empfangen, Verträge mit fremden Mächten abgeschlossen. Mit dem Verschwinden des einzigen rechtmäßigen Nachfolgers des Propheten, des zwölften Imams, waren alle diese Funktionen zwar nicht vakant geworden – der Imam lebt ja irgendwo auf der Erde und hat natürlich auf seine Vorrechte keineswegs verzichtet –, aber ihre Ausübung war auf unabsehbare Zeit, bis zu seiner erwarteten Wiederkehr, unterbrochen. Nun waren zwar manche dieser Funktionen für eine von den politischen Geschäften ausgeschlossene Sekte entbehrlich; die Schiiten kamen gar nicht in die Situation, Staatsgeschäfte oder Kriege zu führen, und auch die Justiz lag nicht in ihrer Hand. Wie aber stand es mit den kultischen Pflichten in der Abwesenheit des Imams – mit dem Gebet und der Freitagspredigt? Und mit den Abgaben? Ruhte die Pflicht zur Zahlung der Armensteuer *(zakât)* oder des «Fünft» *(chums)* bis zur Wiederkehr des Imams? Und wer sorgte in diesem Fall für die Witwen und Waisen?

Die Frage des fünfmaligen täglichen Gebets war am einfachsten zu lösen. Das Ritualgebet *(salât)* war im Koran vorgeschrieben; es war individuelle Pflicht jedes Muslims, die sich auch ohne Imam erfüllen ließ; daß die Abwesenheit des Imams den Muslim von dieser zentralen religiösen Pflicht entbinden könnte, war absurd. Bei der Freitagspredigt und bei der Erhebung der Abgaben war das Problem sehr viel schwieriger: mit beiden Aufgaben mußte jemand betraut werden; wer sollte das sein, und wer hatte das Recht, ihn damit zu betrauen? Aus der Erörterung solcher Fragen ist jener Stand hervorgegangen, der in religiösen und rechtlichen Dingen Bescheid weiß: die «Gelehrten» (arabisch: *al-'ulamâ*; Singular *al-'âlim*). Sie sind keine Spezialität der Schiiten; bei den Sunniten gibt es denselben Stand unter demselben Namen, mit ganz ähnlicher Ausbildung und ähnlichem Habitus. Die 'Ulamâ sind also ein gesamtislamisches Phänomen, wenn ihr Berufsstand auch bei den Schiiten eine spezifische Ausprägung erfahren hat. In Iran nennt man sie gewöhnlich *Mollâ*; das Wort ist verballhornt aus dem arabischen *maulâ*, «Herr» oder «Meister», eine Anredeform, die man mit dem christlichen «Hochwürden» oder dem jüdischen «Rabbi» vergleichen kann.

Die ʿUlamâ sind Spezialisten für die religiöse Tradition und das Recht. Ursprünglich waren sie an religiösen Fragen interessierte Privatgelehrte, Sammler, Sichter und Kommentatoren von Überlieferungen, von Aussprüchen des Propheten selber oder solchen der Imame. Aus diesen Traditionen versuchte man Handlungsanweisungen für den eigenen Alltag zu gewinnen; wie der Prophet, so galten auch seine Nachfolger, die Imame, als die idealen, vollkommenen Muslime; jede Nachricht über sie, jeder Ausspruch aus ihrem Munde, jedes an ihnen beobachtete Verhalten galt als vorbildlich und verbindlich. Aus der Sammlertätigkeit entstand die islamische Wissenschaft, auf der das islamische Recht fußt; im Laufe der Zeit verwandelten sich die Privatgelehrten in regelrechte Juristen. Die ʿUlamâ haben weder bei den Sunniten noch bei den Schiiten den Charakter von Priestern; sie verwalten keine Sakramente; sie vollziehen dieselben rituellen Handlungen wie alle anderen Muslime auch. Aber sie sind «Experten» (arabisch *fuqahâ*, Singular *faqîh*) auf allen mit dem Islam zusammenhängenden Wissensgebieten; «Religionsgelehrte» wäre eine adäquate Wiedergabe des arabischen Plurals *ʿulamâ*.

Die schiitischen ʿUlamâ haben nicht nur die Diskussion um die Stellvertretung des Verborgenen Imams geführt, sondern sie haben im Laufe der Zeit auch – nach Debatten und Kontroversen, die sich über Jahrhunderte hinzogen – die Aufgaben des Verborgenen Imams eine nach der anderen stellvertretend an sich gezogen. Dieser Prozeß ist noch immer im Gange; die Islamische Revolution in Iran, die dazu geführt hat, daß die ʿUlamâ – oder Mollâs – die Macht in einem Staat übernahmen, ist der vorläufige Höhepunkt dieser Entwicklung, die mit dem definitiven Verschwinden des zwölften Imams, der «Großen Abwesenheit», im Jahre 941 begonnen hat.

Das Geld des Imams: der Fünft

Der Koran schreibt den Muslimen Solidarität mit den sozial Schwachen der Gemeinde vor; dazu dient eine Abgabe, die *zakât* genannt wird (z. B. Koran 57, 18 und 58, 13); im Deutschen wird der Begriff meist mit «Armen-» oder «Almosensteuer» wiedergegeben. Daneben erwähnt der Koran eine Abgabe, die «der Fünft» *(al-chums)* genannt wird. In Sure 8, 41 heißt es: «Wenn ihr irgend etwas gewinnt, gehört ein Fünftel davon Gott und dem Gesandten und den Verwandten, den Waisen, den Armen und dem, der unterwegs ist.» Das Verbum, das hier mit «gewinnen» wiedergegeben ist *(ghanima)*, ist im Arabischen zweideutig: es bedeutet «erlangen, gewinnen», aber auch «erbeuten». Die Sunniten legen es im Sinne der letzteren Bedeutung aus und ziehen den Vers nur zur Begründung der Besteuerung der Kriegsbeute heran. Anders die schiitischen 'Ulamâ: sie fassen *ghanima* als «verdienen» im weitesten Sinne auf und verstehen den «Fünft» seit eh und je als eine Art Einkommensteuer. Der Schiit hat also im Prinzip zwanzig Prozent seines Gewinns – aus welchem Gewerbe oder Geschäft auch immer – abzuführen. Aber an wen? Der Koranvers gibt die Antwort. Wie aber zahlt man an Gott oder an seinen Gesandten, der doch schon lange tot ist? Und wer sind die Verwandten?

Solche Fragen sind die Domäne der «Gelehrten», der 'Ulamâ; am Beispiel des Fünft läßt sich exemplarisch zeigen, wie sie räsonieren und argumentieren. Die 'Ulamâ nehmen die sechs im Koran genannten Kategorien von potentiellen Empfängern wörtlich: jeder Kategorie steht also ein Sechstel des Fünftels zu. Dabei faßt man die drei ersten Kategorien – Gott, seinen Gesandten und dessen Verwandte, d. h. die Imame – zusammen; drei Sechstel des Fünft fallen demnach an den jeweiligen Imam als den rechtmäßigen Nachfolger von Gottes Gesandtem und als Oberhaupt der Prophetenfamilie. Dieser Teil wird als der «Anteil des Imams» (arabisch *sahm al-imâm*; persisch *sahm-e imâm*) bezeichnet. Unter den drei restlichen Kategorien – die Waisen, die Armen und die Reisenden – versteht man nun aber nicht die bedürftigen Mitglieder der Umma im allgemeinen, für die ja die «Armensteuer» *(zakât)* erhoben wird, sondern diejenigen Waisen, Armen und bedürftigen Reisenden, die der Prophetenfamilie angehören, also Sayyids sind. Drei Sechstel des Fünft sind deshalb dazu bestimmt, den Verwandten des Propheten, d. h. allen Angehörigen des Clans Hâschim, allen Hâschimiten, einen ihrem Range angemessenen Lebensunterhalt zu verschaffen; dies ist der «Anteil der Herren» (arabisch *sahm as-sâdât*; *sâdât* ist der arabische Plural zu *sayyid*).

Wer aber sammelt den Fünft ein und sorgt für seine gottgewollte Verteilung? Und was geschieht mit dem «Anteil des Imams», solange dieser sich verborgen hält? Das Problem stellte sich erst, als die ursprüngliche Erwartung der baldigen Wiederkehr des Verborgenen Imams enttäuscht wurde. Aus der Frühzeit der Schia wird die Meinung überliefert, jeder Gläubige solle den Fünft zu Hause aufheben oder gar vergraben, bis der Imam wiederkomme; andere waren der Ansicht, man brauche ihn gar nicht zu bezahlen, solange die Verborgenheit andauere. Die Lehrmeinung, die sich bei den ʿUlamâ schließlich durchsetzte, ging dahin, daß sie selber die geeigneten Treuhänder seien, das Vermögen des Verborgenen Imams zu verwalten. Die Zahlung des Fünft ist also auch während der Verborgenheit des Imams obligatorisch; die ʿUlamâ ziehen ihn ein – und zwar sowohl den «Anteil der Herren» als auch den des Imams, teilen den ersteren zu und wuchern mit dem ihnen anvertrauten Pfund des *sahm al-imâm* im Sinne des Verborgenen Imams, d. h. zum Wohle des Islams und der Umma. Wir müssen uns vor Augen halten, daß die Schiiten ursprünglich eine oppositionelle Minderheit waren und keine staatliche Macht ausübten. Die Erhebung und Verwendung des Fünft war also eine interne Angelegenheit der schiitischen Glaubensgemeinschaft, keine staatliche Aufgabe. So ist es im Prinzip bis in die Gegenwart geblieben. Mit der Übernahme der Verpflichtung, die eine Hälfte des Fünft an die Hâschimiten zu verteilen und die andere Hälfte – den Anteil des Verborgenen Imams – treuhänderisch zu verwalten, verschafften sich die ʿUlamâ die Verfügung über große Summen Geldes; später kamen andere Einkünfte hinzu. Die verfügbaren Gelder flossen hauptsächlich in religiöse, in Bildungs- und Wohlfahrtsinstitutionen; ihre Veruntreuung gilt als schwere Verfehlung gegen den Imam. Viele Mollâs führen persönlich ein asketisches Leben; dennoch hat es natürlich in Iran – wie im christlichen Abendland auch – immer wieder Klagen und Satiren über die «Habgier» des Klerus gegeben.

Als freiwillige Selbstbesteuerung ist der «Fünft» eine Bringschuld der Gläubigen. Die Art und Weise, wie er geleistet wird, ist vielfältig. Der Einzelne kann ihn einem Mollâ seiner Wahl abliefern, etwa seinem Dorf-Mollâ. Der wiederum steht in der Regel in einer Art Klientelverhältnis zu einem prominenten Âyatollâh oder Groß-Âyatollâh, an den er einen Teil der Gelder weiterleitet; in der Regel kann er selbst ein Drittel einbehalten, um es für seine eigene Dorfgemeinde zu verwenden. Die Bewohner eines Dorfes oder Stadtviertels oder die Angehörigen eines ʿÂschûrâ-Kultvereins können die Gelder aber auch durch eine Delegation einem Âyatollâh ihrer Wahl überbringen und sich von diesem einen Teil davon zurückgeben lassen; die Höhe der Summe wird meist mit einem Bevollmächtigten des Âyatollâh ausgehandelt.

Mitarbeit in der Regierung (10.–11. Jh.)

Solange die Schiitengemeinden im Irak und in Westiran in Opposition zum sunnitischen Kalifat von Bagdad standen, konnten sie ihre Ablehnung jeglicher Herrschaft leicht durchhalten und sich damit begnügen, im stillen auf die baldige Wiederkehr des Verborgenen Imams zu hoffen. Das änderte sich, als sie es im 10. Jahrhundert erstmals mit einer schiitischen Obrigkeit zu tun bekamen. Die neue Situation zwang die schiitischen ʿUlamâ, ihr Verhältnis zur Staatsgewalt neu zu überdenken. Das Kalifat der Abbasiden war zu dieser Zeit nur noch ein Schatten seiner selbst. Die tatsächliche Macht in Bagdad übten die Armee-Oberbefehlshaber aus, Militärs arabischer, türkischer oder iranischer Herkunft, die sich gegenseitig die Herrschaft streitig machten und die Kalifen nach Belieben ein- und absetzten. Von 945 bis 1055 war das Amt des Oberbefehlshabers in der Hand der Buyiden, einer iranischen Familie, die aus den Bergen südlich des Kaspischen Meeres stammte und wohl von Haus aus schon schiitische Neigungen hatte. Die Buyiden hatten sich als Söldner und Condottieri hochgedient und sich in Westiran regelrechte Fürstentümer geschaffen; 945 riß ein Mitglied der Familie auch die Macht in Bagdad an sich. Obwohl die Buyiden aus ihrem schiitischen Bekenntnis kein Hehl machten, tasteten sie das sunnitische Kalifat nicht an; sie bedurften des Kalifen zur Legitimation ihrer eigenen Herrschaft. Allerdings protegierten sie die schiitischen Gemeinden und statteten die Grabheiligtümer der Imame mit Bauten, Schenkungen und Stiftungen aus; die Heiligtümer von Kerbelâ und Nadschaf, die mehrfach von Beduinen geplündert worden waren, stellten sie unter ihren Schutz. In den Vorstädten von Bagdad, in denen die schiitische Bevölkerung dominierte, durften nun die schiitischen Feste gefeiert werden: die Erinnerung an den Teich von Chumm, wo Muhammad nach schiitischer Tradition seinen Schwiegersohn ʿAlî als Nachfolger designiert hatte, und die Erinnerung an das Massaker von Kerbelâ (s. o. S. 41). Da bei den ʿÂschûrâ-Umzügen laute Schmähungen der sunnitischen Mörder üblich waren, kam es häufig zu Zusammenstößen mit den Sunniten, die sich dadurch provoziert fühlten. Im Jahre 973 brachen Unruhen im Schiitenviertel al-Karch aus, und ein Großbrand forderte mehrere tausend Opfer; die Regierung mußte deswegen die schiitischen Prozessionen zeitweilig wieder unterbinden. Im Jahre 1051 wurden sogar die Schreine des siebten und des neunten Imams in der nördlichen Vorstadt al-Kâzimain (heute al-Kâzimiyya) von den Sunniten zerstört und die Gräber der dort bestatteten Buyiden-Herrscher geschändet.

Unter der Protektion der Buyiden blühten die schiitischen Gemeinden im Irak und in Westiran auf und gewannen an Selbstbewußtsein; man hat das 10. Jahrhundert geradezu als das «schiitische» bezeichnet. Schiiten erfreuten sich am Hof der Bagdader Buyiden höchster Gunst und wurden für wichtige Aufgaben herangezogen. Der Scherîf ar-Radî (gest. 1015), ein Nachkomme ʿAlīs und der Imame, amtierte sogar als Stellvertreter des sunnitischen Kalifen in dessen Funktion als Berufungsinstanz bei Beschwerden von Bürgern gegen Übergriffe der Obrigkeit. Ihm verdanken die Schiiten die Sammlung aller überlieferten Reden, Briefe und Predigten des Imams ʿAlî, eine Sammlung, die unter dem Titel «Methode der Beredsamkeit» *(Nahdsch al-balâgha)* noch heute – auch von den Sunniten – als Muster klassischer arabischer Prosa bewundert wird. Sein Bruder, der Scherîf al-Murtadâ (gest. 1044), war ein hochangesehener schiitischer Rechtsgelehrter, der bei Hofe ein und aus ging.

Schiitische Würdenträger als Höflinge der Abbasiden-Kalifen, denen die Ermordung der Imame angelastet wurde – eine groteske Situation! Es ist daher nicht verwunderlich, daß in dieser Zeit eine Reihe von Traktaten verfaßt wurde, die den Titel «Das Problem der Mitarbeit in der Regierung» oder ähnlich trugen; der Scherîf al-Murtadâ selber hat eine Schrift dieses Titels verfaßt und darin sein eigenes Verhalten gerechtfertigt. Die Tatsache allein, daß man sich zu solchen Rechtfertigungen veranlaßt sah, zeigt, wie problematisch für einen Schiiten die Teilhabe an einer politischen Macht war, die nicht durch den Verborgenen Imam legitimiert war. Für die Annahme eines Amtes auch unter einem unrechtmäßigen, ja gottlosen Herrscher ließen sich indes bekannte Präzedenzfälle anführen: nach Koran 12, 55 hatte der Prophet Joseph es nicht verschmäht, selber den Pharao aufzufordern, ihm die Kornspeicher Ägyptens zu unterstellen, und der Imam ʿAlî war Mitglied des Wahlmännergremiums gewesen, das den verhaßten dritten Kalifen ʿUthmân gekürt hatte. Mit solchen Beispielen rechtfertigte al-Murtadâ die Mitarbeit an der Regierung, allerdings unter dem Vorbehalt, daß der Schiit in seinem Amt nicht gegen Grundsätze seines Glaubens verstoßen dürfe; er müsse stets als heimlicher Sachwalter des Verborgenen Imams handeln und die Schia dabei nach Kräften schützen und fördern.

Grundlagen des schiitischen Rechts: die «Vier Bücher»

Die Ära der Buyiden ist die Zeit der schiitischen «Kirchenväter»: im 10. und 11. Jahrhundert entstehen die grundlegenden Werke der zwölferschiitischen Theologie und Jurisprudenz. Ihre Basis sind Sammlungen der Aussprüche der Imame, die der «Sunna» der Sunniten, d.h. den Aussprüchen des Propheten, entsprechen. Da die Imame die rechtmäßigen und gottgeleiteten Nachfolger des Propheten sind, bilden ihre Direktiven, Rechtsentscheidungen und Handlungsanweisungen mit denen des

Propheten eine Einheit. Die Schiiten haben also ihre eigene «Sunna» (Brauch, Usus, Praxis, Tradition).

Die älteste heute noch benutzte Sammlung von Aussprüchen des Propheten und der Imame ist «Das Genügende» *(al-Kâfî)*, eine Sammlung also, die sämtlichen Ansprüchen genügen soll, da sie alle seinerzeit bekannten Dikta der Imame umfaßt, und zwar benutzerfreundlich nach Sachgebieten geordnet: in Band I sind Glaubensbekenntnis und Imamat behandelt, in Band II Glaube und Unglaube, in Band III kultische Reinheit, Begräbnis, Gebet und Armensteuer, in Band IV Fasten und Wallfahrt usw. Verfasser dieses im modernen Druck acht Bände umfassenden Handbuches ist der Iraner al-Kulainî, der in Qom wirkte und 940 oder 941 in Bagdad starb. Der *Kâfî* ist das erste der «Vier Bücher» *(al-kutub al-arbaʿa)*, auf denen das ganze Gedankengebäude der Zwölfer-Schia ruht. Die übrigen drei Bücher stammen aus der Feder des Gelehrten Ibn Bâbôye al-Qummî aus Qom (arabisch *Qumm*), der in Bagdad lehrte und 991 in Rey bei Teheran starb, und des Scheich at-Tûsî (gest. 1067).

Während der *Kâfî* des Kulainî mit einer ersten Sammlung der Aussprüche der Imame das Überlieferungsmaterial bereitstellte, entwickelten die übrigen Gelehrten aus Qom und Bagdad und ihre Schüler in zahlreichen Schriften die Prinzipien der Jurisprudenz *(usûl al-fiqh)*, mit deren Hilfe sich aus dem Traditionsmaterial Entscheidungen für die jeweilige Gegenwart gewinnen ließen. Dabei ging es weniger darum, für alle künftig denkbaren Fälle bereits Lösungen vorzuformulieren, als vielmehr die Grundsätze des Verfahrens abzusichern, mit dem gegenwärtige und künftige Generationen von Gelehrten in die Lage versetzt werden sollten, neu auftretende Fragen kultisch-religiöser oder rechtlicher Art selbständig zu beantworten. Während die Sunniten alle nicht durch den Koran oder die überlieferten Aussprüche des Propheten geregelten Fragen mit Hilfe der Anwendung des Analogieschlusses *(qiyâs)*, also im Vergleich mit ähnlich gelagerten Präzedenzfällen, zu beantworten suchen oder sich auf den Konsens *(idschmâʿ)* der (sunnitischen) Gelehrten berufen, verlassen sich die Schiiten auf die menschliche Vernunft *(ʿaql)*. Die zwölfer-schiitischen Religionsgelehrten sind Rationalisten, in dem Sinne, daß sie der menschlichen Vernunft auch in Glaubensdingen Erkenntnis durchaus zutrauen, während bei den Sunniten die Skepsis gegenüber den Fähigkeiten der Ratio überwiegt. Die Grundlage des schiitischen Rationalismus ist die optimistische Überzeugung, daß Gott dem Menschen den Verstand gegeben habe, damit er sich seiner bediene, um Gottes Willen zu erkennen. Offenbarung und Ratio stehen sich also keineswegs unvereinbar gegenüber, sondern gehören untrennbar zusammen.

Bei den obengenannten Gelehrten der «Bagdader Schule» war die Gleichberechtigung von Tradition *(naql)* und Verstand *('aql)* erstmals formuliert worden. Dieses Prinzip war indes nicht unumstritten; es hat die schiitischen Gemeinden auch später noch beschäftigt und gelegentlich entzweit. Heute folgt die große Mehrheit der Mollâs und Âyatollâhs der rationalistischen Schule; sie sind Räsonierer, und damit sind sie das genaue Gegenteil von «Fundamentalisten», denn sie hängen eben nicht allein am Wortlaut der Schrift und der überlieferten Aussprüche der Imame, sondern sichern sich durch den Einsatz der Ratio einen viel weiteren Spielraum für ihre Entscheidungen. Neben dieser rationalistischen Strömung, die sich schließlich weithin durchgesetzt hat, bestand allerdings immer auch eine «fundamentalistische» Strömung im ursprünglichen Sinne dieses religionswissenschaftlichen Begriffs; für die Anhänger dieser Richtung galt – und gilt – nur der Wortlaut der koranischen Offenbarung und die Tradition, d. h. die Aussprüche des Propheten und der Imame.

Das neue Zentrum: al-Hilla (13.–14. Jh.)

Während der Herrschaft der Buyiden (945–1055) waren Bagdad und Qom die geistigen Zentren der Schia. Daran änderte sich im 11. Jahrhundert nichts; allerdings hatten sich die Schiiten nach dem Sturz dieser Dynastie auf völlig veränderte politische Umstände einzurichten. Es begannen die Jahrhunderte der Invasionen zentralasiatischer Völker, zunächst der Turkvölker oder Türkmenen, dann der Mongolen, die Iran unter ihre Herrschaft zwangen. Iran ist bis ins 20. Jahrhundert meist von nichtiranischen Dynastien nomadischer Herkunft beherrscht worden, angefangen 1038 mit den türkischen Seldschuken und endend mit den türkmenischen Qadscharen (bis 1925). 1055 waren die Türken in Bagdad eingezogen, hatten den Kalifen unter ihren «Schutz» gestellt und der Herrschaft der Buyiden ein Ende gemacht. Die seldschukischen Sultane waren eifrige Sunniten; unter ihrer Oberhoheit nahm die Förderung der Schiiten ein Ende. Die Schiitengemeinden im Irak und in den Städten Westirans bestanden weiter, fielen aber wieder in ihr sektiererisches Winkeldasein zurück.

Im 13. Jahrhundert änderte sich die Situation der Schiiten jedoch entscheidend: die Invasionen der Mongolen unter den Nachfahren Dschingis Khans machten dem Kalifat von Bagdad ein Ende; 1258 ließ der Mongole Hülägü, ein Enkel Dschingis Khans und Bruder des Großkhans Kublai, nach der Einnahme von Bagdad den letzten Abbasiden-Kalifen erdrosseln. Die Schiiten haben das Ende der verhaßten Dynastie bejubelt. Allerdings waren auch ihre Hochburgen durch die mongolische Invasion schwer in Mitleidenschaft gezogen worden: Qom war 1224 zerstört worden und lag während des ganzen 14. Jahrhunderts in Trümmern; Bagdad sank nach 1258 auf den Rang einer Provinzstadt herab; auch sein Schiitenviertel al-Karch war von den Mongolen geplündert und der Schrein von al-Kâzimain zerstört worden.

Eine neues Zentrum der Schia entstand in dem kleinen Städtchen al-Hilla an einem Arm des Euphrat südlich der Ruinen von Babylon. Als die Mongolen kamen, erwiesen sich die Bewohner von al-Hilla als willige Kollaborateure: sie bauten den Mongolen eine Brücke über den Euphrat und sicherten sich damit die Schonung des nahen Schreins des Imams ʿAlî in Nadschaf. Die Hoffnung, die neuen mongolischen Herrscher, die noch Heiden waren, würden nun den schiitischen Islam annehmen, wurde zwar enttäuscht, doch konnten die Schiiten sich unter der Herrschaft der Mongolen wieder freier entfalten. Das kleine al-Hilla wurde zum neuen Zentrum schiitischer Gelehrsamkeit; hier knüpfte man an die rationalistische Tradition der «Schule von Bagdad» an und wies erneut dem Verstand die Rolle eines wichtigen Prinzips der Rechtsfindung zu. Die «Schule von al-Hilla» hat im 13. und 14. Jahrhundert die theoretischen Grundlagen gelegt, auf denen heute die Macht der Mollâs und Âyatollâhs in Iran und im Irak beruht.

Die Basis der Macht der Mollâs: das Prinzip des Idschtihâd

Der Einfluß der schiitischen Mollâs auf die Gesellschaft und die Politik ist vielen westlichen Beobachtern bis heute ein Rätsel geblieben; ihre Machtübernahme in Iran 1979 kam für viele Politiker und Journalisten völlig überraschend; die glänzende Fassade des Schah-Regimes hatte den Blick auf die gesellschaftliche Wirklichkeit in Iran völlig verstellt. So neu war das nämlich gar nicht, was da unvermittelt an die Oberfläche trat.

Der schiitische «Klerus» Irans – daß man diesen Begriff getrost verwenden kann, wird noch zu begründen sein – ist zwar erst im 16. Jahrhundert entstanden, die Grundlegung seiner geistigen Macht reicht jedoch viel weiter zurück, in die Mongolenzeit des 13. und 14. Jahrhunderts. Nur einer der damaligen Theoretiker der Schia soll hier vorgestellt werden, der wohl einflußreichste Denker der Schule von al-Hilla. Sein eigentlicher Allerweltsname al-Hasan ibn Yûsuf ibn ʿAlî ist auch vielen Schiiten nicht geläufig, während ihn jeder Schiit unter seinem ehrenden Beinamen *al-ʿAllâma al-Hillî* – «der Hochgelehrte aus al-Hilla» – kennt. Er war übrigens der erste Gelehrte, dem der Titel *Âyatu-llâh* (Zeichen Gottes) beigelegt wurde – damals noch ein bloßer Ehrenname, keine Bezeichnung für einen bestimmten Rang innerhalb einer Hierarchie. Der ʿAllâma wurde 1250 – kurz vor der mongolischen Invasion – geboren und studierte zunächst in al-Hilla bei Vater und Onkel; später ging er an den Hof des Mongolenkhans Öldschäitü nach Tabrîz in Aserbeidschan. Es gelang ihm sogar, den Khan, dessen Vertrauen er genoß, zur Schia zu bekehren; dieser ließ die Namen der zwölf Imame auf seine Münzen prägen. Aber dies blieb Episode; die späteren Mongolenherrscher Irans kehrten zur Sunna zurück. Der ʿAllâma starb 1325 und wurde beim Schrein des achten

Imams in Maschhad begraben, wo er bis heute als Heiliger verehrt wird.

Die bedeutendste theoretische Leistung des ʿAllâma al-Hillî ist die Begründung des Prinzips des *idschtihâd*, der selbständigen Rechtsfindung aufgrund rationaler Erwägungen; auf diesem Prinzip beruht der Einfluß der Mollâs und Âyatollâs. Ausgangspunkt aller theoretischen Überlegungen ist die Frage, wie Probleme religiös-juristischer Natur zu lösen seien, wenn sie nicht durch die koranische Offenbarung oder den Ausspruch eines Imams bereits definitiv entschieden sind (ein modernes Beispiel, das weiter unten behandelt wird, ist etwa die Frage der Geburtenkontrolle). Erinnern wir uns, daß die Schia nur vierzehn Personen Unfehlbarkeit zugesteht: dem Propheten Muhammad, seiner Tochter Fâtima und den zwölf Imamen. Dreizehn davon sind tot, einer ist verborgen und niemandem zugänglich. Alle übrigen Menschen also sind dem Irrtum unterworfen; niemand kann Unfehlbarkeit für sich beanspruchen. Wie also ist zu verfahren, wenn ein Problem nicht durch das Nachschlagen der überlieferten Aussprüche – deren Umfang begrenzt ist – gelöst werden kann? Hier tritt das menschliche Räsonieren in sein Recht: Gott gab dem Menschen den Verstand, damit er ihn benutze, um Seinen Willen zu ergründen. Gibt die Tradition *(naql)* keine Auskunft, so muß man den Intellekt *(ʿaql)* zu Hilfe nehmen. Die Lösung, zu der man dann kommt, ist jedoch, wie jeder menschliche Ratschluß, prinzipiell fehlbar – und damit jederzeit revidierbar.

Dieses rationale Bemühen um Problemlösungen wird mit dem arabischen Wort *idschtihâd* bezeichnet, einem substantivierten Infinitiv, der soviel wie «das Sichabmühen» bedeutet; das Wort hängt mit dem bekannten Begriff *dschihâd* (Anstrengung, Einsatz) zusammen. Das Partizip zu *idschtihâd* ist *mudschtahid*: «der sich Abmühende» – ein zentraler Begriff; der Einfluß der heutigen Âyatollâhs beruht darauf, daß sie Mudschtahids sind.

Wer ist nun ein Mudschtahid? Und wie funktioniert das Sichabmühen, der Idschtihâd? Der ʿAllâma al-Hillî hat in einem Buch mit dem Titel «Die Ausgangspunkte, von denen man zur Wissenschaft der Prinzipien gelangt» erstmals eine Theorie des

Idschtihâd geliefert. Zunächst zeichnet er ein Bild des Gelehrten, der über die nötige Ausbildung und die unerläßlichen Kenntnisse und Fähigkeiten verfügt. Vor allem muß er natürlich die Gelehrtensprache, das Arabische, mit allen seinen Feinheiten vollkommen beherrschen. Das ist noch heute eine Grundvoraussetzung für alle Theologiestudenten an den Hochschulen in Qom und Maschhad, in Nadschaf und Kerbelâ; die schiitischen ʿUlamâ aus aller Welt verständigen sich noch immer auf Arabisch, so wie die abendländischen Gelehrten bis ins 19. Jahrhundert sich des Lateins bedienten. Sodann muß der Mudschtahid die koranische Offenbarung kennen. Er braucht den Koran nicht auswendig zu können, wie das bei vielen Muslimen der Fall ist; es genügt, wenn er im Kopf über einen soliden Fundus von etwa 500 einschlägigen Versen verfügt. Ferner muß er mit den großen Sammlungen der Aussprüche des Propheten und der Imame umgehen können. Natürlich muß er die Prinzipien der Jurisprudenz kennen, und – vor allem – er muß das Handwerkszeug des Logikers beherrschen, damit seine Schlußfolgerungen stringent sind; Rationalität und Logik gehören untrennbar zusammen.

Es wird damit klar, daß man zum Idschtihâd nicht durch Inspiration, Offenbarung oder sakramentale Weihe befähigt wird, sondern durch Gelehrsamkeit; zum Mudschtahid wird man durch ein langjähriges intensives Studium. Nicht jeder ist dazu in der Lage; die große Mehrheit der Schiiten ist vom Idschtihâd ausgeschlossen. Den «Laien» ist der Idschtihâd ausdrücklich untersagt; der ʿAllâma meint, es wäre sogar höchst verderblich, wenn jeder anfinge, «sich abzumühen»: «Wenn der Idschtihâd in rechtlichen Fragen allen Menschen aufgebürdet würde, geriete die Welt aus den Fugen, denn das würde dazu führen, daß sich jeder nur noch um die Erörterung von Problemen statt um seinen Lebensunterhalt kümmern würde.» Die Schuster sollen also bei ihrem Leisten bleiben; die schwierige und peinvolle Arbeit des Idschtihâd wird ihnen von den Experten abgenommen.

Der Idschtihâd ist also einer kleinen Zahl von qualifizierten Spezialisten vorbehalten. Zum Mudschtahid wird man, indem man von einem Mudschtahid dazu erklärt wird; dies geschieht noch heute dadurch, daß der Lehrer seinem Schüler die Erlaubnis *(idschâza)* erteilt, fortan selbständig Idschtihâd zu treiben.

Der qualifizierten Minderheit der Mudschtahids steht die große Masse der einfachen Gläubigen gegenüber, die von der Verantwortung der eigenen Entscheidung dadurch entbunden sind. Sie üben *taqlîd* – sinngemäß etwa: Nachahmung. Irrt sich der Mudschtahid in seiner Entscheidung, so ist der einfache Gläubige, der sich seinem Urteil anvertraut, dafür nicht verantwortlich zu machen. Aber auch der Mudschtahid darf sich irren, denn er ist ja nicht unfehlbar. Erwartet wird jedoch, daß er seine Entscheidung nach bestem Wissen und Gewissen fällt; dafür hat er beim Jüngsten Gericht Rechenschaft abzulegen. So können sich auch die Mudschtahids durchaus widersprechen, «denn manchmal», schreibt der ʿAllâma al-Hillî, «trifft der Idschtihâd das Falsche, manchmal das Richtige». Daher der bis heute gültige Grundsatz: «Jeder Mudschtahid hat recht» *(kull mudschtahid musîb)*, d. h. jeder, der nach bestem Wissen und Gewissen eine Entscheidung fällt, hat Anspruch auf Gehorsam; widersprechen sich zwei Mudschtahids, so kann der Gläubige sich aussuchen, welchem er folgen will.

Auf der Fehlbarkeit einer jeden so gefällten Entscheidung beruht das ganze System. Man kann zwar einem einzigen Oberhaupt einer Glaubensgemeinschaft Unfehlbarkeit in bestimmten Fragen zuschreiben, wie die katholische Kirche das getan hat, aber die Annahme der Unfehlbarkeit eines ganzen Berufsstandes würde das System in kürzester Zeit ruinieren. Die Beschränkung der Unfehlbarkeit auf die «Vierzehn» – die allesamt nicht präsent und damit nicht befragbar sind – macht also geradezu die Stärke des zwölfer-schiitischen Konzeptes aus und ist zugleich die Ursache für dessen prinzipielle Flexibilität: alle präsenten Autoritäten sind fehlbar, ihre Entscheidungen können also durch einen neuen Idschtihâd eines anderen Mudschtahids überprüft und gegebenenfalls revidiert werden.

Durch den Ausschluß verstorbener Mudschtahids hat man das System noch flexibler gestaltet; schon der ʿAllâma al-Hillî hat den Grundsatz formuliert: «Tote haben nichts zu sagen» *(lâ qaula lil-mayyit)*. Der einzelne Gläubige kann sich gegen den

Spruch eines lebenden Mudschtahid nicht auf die Autorität eines toten berufen; nur die lebenden Autoritäten üben gültigen Idschtihâd.

Das Instrument des Idschtihâd macht die schiitischen Theologen im Prinzip unendlich wandlungsfähig und flexibel. Das heißt nicht, daß sie sich immer im Sinne eines Fortschritts und einer Moderne im westlichen Sinne entscheiden müssen; der Idschtihâd kann ebensogut zu konservativen wie zu progressiven Lösungen führen, er kann eine apolitische, quietistische Haltung ebenso begründen wie revolutionären Aktivismus. Die einfachen Gläubigen schließen sich in der Regel lokalen oder regionalen Mudschtahids an, deren «Gemeinde» sie bilden und die sie «nachahmen» *(taqlîd)*; dazu kommen die international bekannten und geschätzten Autoritäten, die «Groß-Âyatollâhs», deren Entscheidungen vom Libanon bis Indien Beachtung finden.

Die Entstehung des schiitischen Klerus (16. Jh.)

Es ist problematisch, von einem islamischen «Klerus» oder einer «Geistlichkeit» zu sprechen; zu leicht stellen sich Assoziationen aus dem christlichen Bereich ein, die nicht stimmen. Im Islam – dem sunnitischen wie dem schiitischen – sind die Träger der religiösen Tradition keine Priester, sondern Gelehrte *('ulamâ)*; sie haben keine Weihe empfangen und verwalten keine Sakramente, sondern sie haben ein Studium absolviert, das zu einem großen Teil aus Juristerei besteht. Auch die schiitischen Mollâs sind also in erster Linie Juristen. Dennoch gibt es gute Gründe, auf sie den Terminus «Klerus» anzuwenden; als «Geistliche» *(rûhâniyyân)* bezeichnen sie sich in Iran neuerdings sogar selber. Die Entwicklung der mittelalterlichen schiitischen 'Ulamâ zu einem regelrechten Klerus ist allerdings das Ergebnis eines erst im 16. Jahrhundert in Iran einsetzenden Prozesses, der sich erst im 20. Jahrhundert vollenden sollte.

1501 gelang es Ismâ'îl, dem jugendlichen Oberhaupt eines aserbeidschanischen Derwischordens, gestützt auf türkmenische Nomadenstämme, die Macht in Iran an sich zu reißen und den alten persischen Titel eines Großkönigs *(schâhân-schâh)* anzunehmen. Schah Ismâʿîl ist der Begründer der Dynastie der Safaviden, die Iran bis 1722 beherrschte. Von Hause aus keineswegs Zwölfer-Schiit im strengen Sinne, erkannte der junge Derwisch-König, der zunächst recht unorthodoxe Glaubensvorstellungen verbreitet hatte, alsbald die staatstragende Kraft des zwölferschiitischen Bekenntnisses und erhob die «dschaʿfaritische» Schia – so genannt nach dem sechsten Imam – zur Staatsreligion seines Imperiums. Schiitisch waren zu diesem Zeitpunkt wohl nur die größeren Städte Nordwestirans; zwar war die Verehrung Fâtimas, ʿAlîs und der übrigen Imame auch auf dem Lande weit verbreitet, aber Iran war noch immer ein überwiegend sunnitisches Land. Vor allem fehlte es an gelehrten ʿUlamâ, die die Schia hätten verbreiten können. Die Safaviden-Schahs, besonders Ismâʿîls Nachfolger Tahmâsp (1524–1576), waren daher auf Entwicklungshilfe aus den arabischen Ländern – aus dem Südirak, aus dem Südlibanon und von der arabischen Golfküste – angewiesen. Von dort kam eine ganze Anzahl der schiitischen ʿUlamâ, die nun begannen, im Auftrag der Herrscher Iran eine schiitische Infrastruktur zu geben. Die noch heute sehr engen Verwandtschaftsbeziehungen der großen Mollâ-Familien gehen auf diese Zeit zurück; viele iranische Familien rühmen sich noch jetzt ihrer libanesischen oder irakischen Herkunft. Heiratsbeziehungen über die Grenzen hinweg sind durchaus üblich; davon profitiert die Solidarität der Schiitengemeinden in Iran, im Irak und im Libanon noch in den politischen Auseinandersetzungen unserer Gegenwart.

Der bedeutendste der von den Safaviden in Dienst genommenen Gelehrten, al-Karakî, stammte aus der libanesichen Bekaa-Ebene *(al-Biqâʿ)*, lebte aber seit etwa 1504 beim Schrein des Imams ʿAlî in Nadschaf und folgte dann zeitweilig einem Ruf Schah Ismâʿîls nach Iran. Unter Schah Tahmâsp ließ er sich ständig in Iran nieder, wurde vom Herrscher mit Ehren überhäuft und mit besonderen Vollmachten zur Verbreitung des schiitischen Bekenntnisses ausgestattet; man nannte ihn sogar «Stellvertreter des (Verborgenen) Imams». Karakîs Wirken war nach schiitischer Tradition nicht unproblematisch, unterstützte er doch weltliche Herrscher, deren Herrschaft nach schiitischem Dogma nur usurpiert sein konnte; er legitimierte durch Rechtsgutachten *(fatwâ)* Regierungshandlungen, die eigentlich dem Verborgenen Imam vorbehalten waren. Daß er im Namen des Schah im ganzen Lande schiitische Leiter des Freitagsgebets *(pîsch-namâz)* einsetzte, mochte noch hingehen. Aber er legitimierte auch die Erhebung der Steuern durch den Schah. Steuererhebung war aber nach schiitischer Auffassung ein Privileg des Zwölften Imams. Karakî nun argumentierte, im Interesse der Gläubigen sei es nicht nur zulässig, sondern sogar notwendig, daß eine weltliche – natürlich nur eine schiitische – Obrigkeit stellvertretend für den Verborgenen Imam sich dieser Aufgabe unterziehe, und ein Schiit begehe keine Sünde, wenn er sich aus solchen Steuergeldern besolden lasse. Karakî stützte sich bei dieser Argumentation auf die Traktate der Buyiden-Zeit, von denen oben (S. 63) schon die Rede war; damals hatte man ja ähnliche Probleme in ähnlicher Situation erörtert.

Die Politik der Safaviden zur Schiitisierung Irans hat zugleich das Fundament zur Klerikalisierung der schiitischen ʿUlamâ gelegt. Es entstand damit eine an Spannungen und Auseinandersetzungen reiche Wechselbeziehung zwischen Monarchie und Klerus. Hand in Hand hatten beide – jeweils zum eigenen Vorteil – Iran zu einem schiitischen Land gemacht. Ein williges Werkzeug der Monarchie wurde der Klerus jedoch nie; stets standen die Mollâs dem absolutistischen Machtanspruch des Monarchen mißtrauisch gegenüber, und schließlich gelang es dem Klerus sogar, im Jahre 1979 die Monarchie zu beseitigen.

Unter den Safaviden entstand in Iran erstmals eine regelrechte klerikale Hierarchie mit einem Oberhaupt *(sadr)* an der Spitze, das indes weniger die Interessen des «Klerus» gegenüber dem Monarchen vertrat als vielmehr die staatliche Oberaufsicht über diesen sichern sollte. In allen großen Städten des Reiches wurden regionale religiöse Autoritäten *(schaich al-islâm)* und Richter *(qâzî)* eingesetzt, in jeder Moschee Vorbeter *(pîsch-namâz)*, in jedem Ort mit einer Freitagsmoschee Leiter des Freitagsgebetes *(imâm dschumʿa)* und Prediger *(chatîb)* ernannt. Der Herrscher selbst und hohe Würdenträger vermehrten die frommen

Stiftungen (*waqf*) – Landbesitz, städtische Immobilien, Wirtschaftsbetriebe –, aus deren Erträgen die religiösen, wohltätigen und Bildungseinrichtungen wie Moscheen, Schulen und Hochschulen oder Krankenhäuser finanziert, aber auch Nachkommen des Propheten und der Imame alimentiert wurden (und werden). Als Verwalter des schon genannten «Fünft», vor allem des «Anteils des Imams», ferner nun als Inhaber der erwähnten dotierten Ämter und Posten und als juristische Gutachter und Notare, als Verwalter wie auch als direkte Nutznießer dieser Stiftungen, die in Jahrhunderten zu einem unermeßlichen Vermögen der Toten Hand anwuchsen, bekamen die schiitischen ʿUlamâ die Verfügungsgewalt über viel Geld – sehr viel mehr, als durch die Hände ihrer sunnitischen Kollegen ging. Der Begriff «Pfründe» drängt sich auf, und nichts anderes bedeutet das griechische Wort *Kleros* ja ursprünglich. Die Einkünfte dieser Stiftungen, die weder verkauft noch vererbt noch konfisziert werden durften, sollten für alle Zeiten den Armen, den ʿUlamâ, den Studenten des religiösen Rechts und allen möglichen religiösen Belangen zugute kommen. Solche Stiftungen von Herrschern und Großen, aber auch von einfachen Schiiten aus aller Welt haben den Stiftungsbesitz der religiösen Institutionen, vor allem der Schreine der Imame in Nadschaf, Kerbelâ, Bagdad, Samarra und Maschhad, aber auch des Heiligtums von Qom und vieler anderer Grabmoscheen, bis heute ins Unübersehbare anwachsen lassen.

Monarchie und Klerus als Rivalen (17. Jh.)

Die Safaviden-Schahs führten ihre Herkunft auf den siebten Imam Mûsâ al-Kâzim zurück. Das war zwar nicht nachprüfbar (und höchstwahrscheinlich falsch), wurde aber allgemein geglaubt; die Mitglieder des Herrscherhauses galten also selber als Sayyids oder Scherifen und genossen damit das Prestige der Prophetennachkommen. Die beiden späteren iranischen Herrscherdynastien, die Qadscharen (1796–1925) und die Pahlavî (1925–1979), mußten von vornherein auf diesen religiösen Nimbus verzichten. Aber auch die Safaviden-Schahs, die den

ʿUlamâ ja erst zu ihrer Bedeutung in Iran verholfen hatten, konnten sich keineswegs auf deren blinde Gefolgschaft verlassen. Schon im 17. Jahrhundert kam es, wie wir vor allem von europäischen Reisenden (Jean Chardin 1666; Engelbert Kaempfer 1684–1885) wissen, zu Auseinandersetzungen zwischen dem Schah und der Geistlichkeit.

Zwei Machtansprüche standen sich hier gegenüber: der des iranischen Großkönigs, der sich auf eine zweitausendjährige Tradition von Herrschaft berufen konnte und dessen Ziel die Unterwerfung aller Partikulargewalten unter die absolute Herrschaft der Monarchie war, und der eines geistlichen Standes, der seine Legitimation aus der beanspruchten Stellvertreterschaft eines ebenso absoluten, aber verborgenen Souveräns herleitete. Die Allmacht des Großkönigs konnte somit jederzeit unter Berufung auf den Verborgenen Imam in Frage gestellt werden. Dadurch wurde die Geistlichkeit zum potentiellen Kristallisationspunkt jeder Opposition gegen die absolute Monarchie; das ist ihre Rolle in Iran seit dem 17. Jahrhundert, und nur von hier aus wird ihre Rolle in der Islamischen Revolution von 1979 verständlich.

Das Spannungsverhältnis zwischen Monarch und Geistlichkeit schloß Phasen gegenseitigen Einvernehmens, ja enger Kooperation nicht aus. Die Opposition einzelner gesellschaftlicher Gruppen gegen den Absolutismus des Schahs alleine reichte nicht aus, die Monarchie in Gefahr zu bringen; erst wenn die Interessen der politischen Opposition sich mit den Interessen der ʿUlamâ trafen und verbanden, wurde es für den Monarchen gefährlich; die Drohung mit dem Verborgenen Imam hing stets wie ein Damoklesschwert über dem Pfauenthron. Die Safaviden-Schahs versuchten sich daher selbst an die Spitze der Schia zu stellen; aufgrund ihrer angenommenen (und allgemein anerkannten) Abstammung vom siebten Imam traten sie selber als die Stellvertreter des Verborgenen Imams auf, beanspruchten sogar die Unfehlbarkeit *(ʿisma)*, die traditionell nur den «Vierzehn» zuerkannt wurde, und bemühten sich, die ʿUlamâ – wie alle anderen Partikulargewalten – unter ihre Kontrolle zu zwingen. In den Auseinandersetzungen von 1666 kleidete sich die

Opposition gegen die Tyrannei des Schahs ʿAbbâs II. in das Gewand religiöser Argumentation und Agitation; in einem Vorort von Isfahân trat ein gewisser Mollâ Qâsem – ein verfrühter Vorläufer Chomeinîs – als Prediger auf und verkündete, der Schah, der bekanntermaßen in aller Öffentlichkeit Wein trinke, könne sich nicht anmaßen, als Stellvertreter Gottes aufzutreten; das könne nur ein Mudschtahid, also ein qualifizierter Gelehrter, der imstande sei, aufgrund seiner Kenntnis des religiösen Gesetzes die Gläubigen auf den rechten Weg zu führen. Dem «unfehlbaren» Schah versuchte man damals einen «unfehlbaren Mudschtahid» entgegenzusetzen, und man präsentierte auch einen Kandidaten in dem zwanzigjährigen Sohn des höchsten religiösen Würdenträgers von Isfahân, des lokalen *Schaich al-islâm*. Der Schah ließ den gefährlichen Mollâ jedoch verschwinden und machte die Opposition mundtot. Das Modell des «unfehlbaren Mudschtahid» hat sich also nicht durchgesetzt; es war eine jener vielen Sackgassen bei dem Versuch, die Stellvertreterschaft des Verborgenen Imams zu organisieren. Das Modell der Zukunft war vielmehr gerade der *fehlbare* Mudschtahid, oder genauer: das Kollektiv der fehlbaren Mudschtahids, das sich eben durch den Grundsatz der Fehlbarkeit seine Beweglichkeit und Flexibilität bewahrte.

In den letzten Jahrzehnten der safavidischen Dynastie gab es auch durchaus wieder eine enge Zusammenarbeit zwischen Monarchie und Geistlichkeit. Die bedeutendste Figur unter den Mollâs des ausgehenden 17. Jahrhunderts war Muhammad Bâqir Madschlesî, der als *Schaich al-islâm* von Isfahân im Jahre 1694 die Krönungszeremonien für Schah Husain I. leitete und dann als eine Art Großinquisitor die Schia Irans von allen ketzerischen Überresten von Mystik, Philosophie, Chiliasmus und Gnosis zu reinigen versuchte. Madschlesî verschmähte es nicht, sich des weltlichen Arms des Schahs zu bedienen; er hielt die Ausübung weltlicher Macht für legitim, aber nicht aus eigenem Recht des Monarchen, sondern als bloßes Werkzeug der Mollâs, der kollektiven Vertretung des Verborgenen Imams. Der Schah selber dürfte das anders gesehen haben, aber solange beide Seiten in der Kooperation ihren Vorteil fanden, wurde die grundsätzliche Unvereinbarkeit ihrer Standpunkte verschleiert.

Madschlesî hat es noch einmal unternommen, alle Aussprüche des Propheten und der Imame zusammenzutragen; sein Riesenwerk, die «Meere der Lichter» *(Bihâr al-anwâr)*, umfaßt im modernen Druck 110 Bände. Als er 1700 starb, wurde er bei der Freitagsmoschee von Isfahân beigesetzt, wo er noch heute als Heiliger verehrt wird; sein Schrein ist zum lokalen Wallfahrtszentrum geworden.

Usûlîs und Achbârîs: Rationalisten und Traditionalisten (17.–18. Jh.)

Die schiitische Theologie, die die von den Safaviden nach Iran gerufenen Iraker und Libanesen verbreitet hatten, war diejenige der «Schule von Hilla» gewesen, die Doktrin des 'Allâma al-Hillî von der verantwortlichen Rolle der zum Idschtihâd, zum logischen Begründen befähigten Spezialisten. Die Praxis des Räsonierens aufgrund vorgegebener verbindlicher Prinzipien (arabisch: *usûl*) hat dieser Schule der schiitischen Rationalisten den Namen gegeben: man nennt sie die Usûlî-Schule.

Unwidersprochen war ihre Doktrin nicht geblieben; wie bei den Sunniten, so gab es auch bei den Schiiten Theologen, die die Fähigkeiten des menschlichen Verstandes skeptisch einschätzten und das klügelnde Räsonieren aus der Erörterung von Fragen der göttlichen Offenbarung ganz heraushalten wollten; für sie zählten neben dem Text der koranischen Offenbarung nur die durch Ohren- und Augenzeugen beglaubigten Aussprüche und Handlungen des Propheten und der Imame. Der theoretische Begründer dieser traditionalistischen Strömung, die man – nach den von ihnen als einzige Quelle der Wahrheit anerkannten überlieferten Nachrichten (arabisch: *achbâr*) – die Achbârî-Schule nennt, war ein gewisser Mollâ Muhammad Amîn Astarâbâdî (gest. 1624), der die Fähigkeit der 'Ulamâ zur Rechtsfindung durch Idschtihâd und damit ihre kollektive Stellvertreterschaft des Verborgenen Imams bestritt. Die Achbârîs bekämpfen die Monopolstellung der Mudschtahids und deren

Anspruch auf die Nachahmung *(taqlîd)* der Gläubigen; sie gestehen das Recht, unmittelbar und direkt aus den Quellen der Überlieferung zu schöpfen, jedem Gläubigen zu. Sie sind also die schiitischen «Fundamentalisten» im eigentlichen Sinne dieses Begriffs. Die Achbârî-Schule, die noch während des 18. Jahrhunderts mit der Usûlî-Schule um die Gunst der iranischen Monarchen rivalisierte, ist schließlich unterlegen und zu einer Randgruppe geworden, deren Anhänger sich heute vor allem außerhalb Irans – im irakischen Basra oder in Bahrain – finden. Der Sieg der Usûlî-Schule wurde aber nicht in Iran errungen, sondern im Irak, vor allem in Nadschaf.

Die Schreine der Imame im Irak – an-Nadschaf, Kerbelâ, al-Kâzimain/al-Kâzimiyyya bei Bagdad und Samarra – spielen in der neuzeitlichen Geschichte der Schia eine besondere Rolle, gerade weil sie außerhalb des weitgehend schiitischen Iran liegen. Von dem spannungsreichen Verhältnis zwischen Monarchie und Klerus in Iran war bereits die Rede. Immer wenn schiitische ʿUlamâ in offenen Gegensatz zum Schah traten, konnten sie an den «Schwellen» *(al-ʿatabât)* der heiligen Imame Zuflucht suchen und waren damit dem Zugriff des Schahs entzogen, zumal seit 1638 der Irak eine Provinz des türkischen Osmanenreiches geworden war. Den sunnitischen Osmanen waren iranische Oppositionelle gelegentlich willkommen, da diese sich politisch und propagandistisch gegen den Schah einsetzen ließen. Auch als Chomeinî vom Schah aus Iran abgeschoben wurde, ließ er sich 1965 in Nadschaf nieder, um von hier aus die Revolution vorzubereiten; er folgte damit einem seit zweihundert Jahren erprobten Modell.

Die Schiiten des Irak wurden von den Osmanen in aller Regel unbehelligt gelassen. Im 18. Jahrhundert begannen die Schreine von Kerbelâ und Nadschaf sogar die iranischen Zentren der Schia an Bedeutung zu überflügeln, zumal nach dem Ende der Safaviden-Dynastie 1722 Iran für den Rest des Jahrhunderts meist ohne starke Zentralgewalt blieb; es sollte während der kurzen Gewaltherrschaft Nâdir Schahs (1736–1747) sogar wieder zur Sunna zurückgeführt werden. Damals flohen zahlreiche prominente iranische ʿUlamâ vor der Tyrannei des Schahs in den Irak, um sich an den Schreinen niederzulassen.

Die führende Figur unter den ʿUlamâ von Kerbelâ war zu dieser Zeit der Isfahaner Muhammad Bâqir Vâhid Behbehânî (1705–1790), der nach Vollendung seiner Studien in Kerbelâ geblieben war und dort vehement für die Sache der Usûlî-Schule stritt und die Theorie vom Idschtihâd durchsetzte; rücksichtslos ging er gegen seine innerschiitischen Widersacher vor, indem er jeden Gegner des Idschtihâd zum Ungläubigen *(kâfir)* erklärte und durch seine Schlägertrupps, die «Gebieter des Zorns», einschüchterte. Das «Zum-Ungläubigen-Erklären» *(takfîr)* wurde nun zur praktikablen Waffe der Mudschtahids im Kampf für die Usûlî-Doktrin und gegen alle abweichenden Lehrmeinungen; auf diese Weise ist die Zwölfer-Schia vor allem im 19. Jahrhundert rigoros von allen konkurrierenden älteren Traditionen (Mystik, Gnosis, Chiliasmus) wie auch von «ketzerischen» Neuerungen (Scheichismus, Bâbismus, Bahâ'ismus) gesäubert worden. Vâhid Behbehânî gilt als der «Erneuerer» *(mudschaddid)*, ja als der eigentliche «Begründer» *(mu'assis)* der schiitischen Orthodoxie, wie sie sich im 19. Jahrhundert auch in Iran durchsetzen sollte.

Weltlicher und geistlicher Arm (19. Jh.)

Aus den politischen Wirren des 18. Jahrhunderts ging eine Konföderation von nordiranisch-türkmenischen Nomadenstämmen als Sieger hervor, die Qadschar, deren Fürst im Jahre 1796 den Titel des Großkönigs *(schâhân-schâh)* annahm; die Residenz der Qadscharen-Fürsten, das am Fuß des Elburs-Gebirges gelegene Teheran, wurde zur neuen Hauptstadt Irans.

Die Qadscharen-Schahs, die Iran bis 1925 regierten, besaßen von Haus aus keinerlei religiöse Legitimität. Mit dem Titel des Großkönigs knüpften sie an die uralte, vorislamische Tradition des iranischen Königtums an. Eine Absicherung gegenüber dem schiitischen Klerus war jedoch zur Stabilisierung ihrer Herrschaft unerläßlich, da sich jede Opposition gegen die neue Dynastie sonst leicht religiöser Argumente hätte bedienen können.

So gaben sich die beiden ersten Qadscharen-Schahs als fromme Schiiten: der Gründer der Dynastie ließ die Gebeine seiner Ahnen aus Astarâbâd (südöstlich des Kaspischen Meeres) zum Schrein von Nadschaf überführen und die Kuppel über dem Schrein von Kerbelâ vergolden. Der zweite Herrscher, Fath ʿAlî Schâh (1797–1834), pilgerte alljährlich von Teheran nach Qom zum Schrein der Fâtima-ye Maʿsûme, befreite die Einwohner der Stadt von allen Steuern und erneuerte unmittelbar neben dem Schrein und der Freitagsmoschee die Feiziyye, jene theologisch-juristische Hochschule *(madrasa)*, die 1963 zum Ausgangspunkt der Islamischen Revolution werden sollte und heute das geistige Zentrum der iranischen Schia ist.

Der Schrein von Kerbelâ wurde allerdings 1802 das Opfer einer radikal antischiitischen sunnitischen Reaktion: auf der Arabischen Halbinsel war gegen Ende des 18. Jahrhunderts die puritanische Erneuerungsbewegung der Wahhâbiten entstanden; ihr Begründer, der Prediger Muhammad ibn ʿAbd al-Wahhâb (1703–1792), stützte sich auf die militärische Macht des Clans der Saʿûd, dessen Aufstieg zum Königshaus damit begann. Die Wahhâbiten, die «Fundamentalisten» im ursprünglichen Sinn des Wortes sind, verwerfen alle religiösen Praktiken, die nicht durch den Wortlaut von Koran und Sunna ausdrücklich erlaubt sind, als ketzerische «Neuerung» *(bidʿa)*. Dazu gehört auch die in ihren Augen unislamische Verehrung von Heiligen und der damit verbundene Besuch *(ziyâra)* von Gräbern. Der schiitische Kult der Imame ist für die Wahhâbiten schierer Götzendienst; die prächtig ausgestatteten Schreine gelten ihnen als quasi heidnische Tempel. Bei einem Überfall auf das reiche Wallfahrtszentrum von Kerbelâ im April 1802, bei dem sich Beutelust und frommer Eifer aufs schönste miteinander vereinen ließen, zerstörten die Wahhâbiten den Schrein des Märtyrerfürsten al-Husain und töteten etwa 2000 Menschen. 1804 eroberten sie Medina und 1806 Mekka; auch hier machten sie dem Heiligen- und Gräberkult ein Ende; in Medina zerstörten sie auf dem Baqîʿ-Friedhof die Schreine der Imame al-Hasan, ʿAlî Zain al-Âbidîn, Muhammad al-Bâqir und Dschaʿfar as-Sâdiq. Die Unvereinbarkeit von wahhâbitischem und zwölfer-schiitischem

Islam verschärft bis heute die – politisch motivierte – Rivalität zwischen dem Königreich Saudi-Arabien und der Islamischen Republik Iran im Konflikt um die Vorherrschaft in der Golfregion.

Als Türkmenen konnten die Qadscharen-Schahs keinerlei religiöse Autorität für sich in Anspruch nehmen; die Fiktion der Abstammung von einem der Imame – wie sie die Safaviden für sich hatten behaupten können – war für sie von vornherein ausgeschlossen. Sie waren also auf die Kooperation mit den einflußreichen schiitischen ʿUlamâ angewiesen und suchten diese nach Kräften zu fördern und an ihren Hof zu ziehen. Die ʿUlamâ waren auch durchaus zu einer begrenzten Zusammenarbeit mit der Dynastie bereit, doch blieb ihr tiefeingewurzeltes Mißtrauen gegenüber der Monarchie bestehen; nicht wenige von ihnen weigerten sich, nach Teheran zu kommen und sich am Königtum zu «verunreinigen».

Da dem Königtum der Qadscharen jegliche religiöse Legitimation fehlte, wurde es von den ʿUlamâ nur so lange geduldet, als die beiderseitigen Interessen übereinstimmten. Bis zur Mitte des 19. Jahrhunderts war das der Fall; es kam zu einer Art «unausgesprochenem Konkordat», und während der gesamten Qadscharen-Herrschaft verfaßten die ʿUlamâ keinerlei Traktate, in denen die Illegitimität weltlicher Herrschaft dargelegt wurde. Es galt eine Doktrin, die an die Lehre von den «zwei Schwertern» erinnert, mit der mittelalterliche Staatstheoretiker das Verhältnis von Kaiser und Papst zu erfassen suchten: beiden Gewalten ist von Gott eine Aufgabe übertragen, und diese komplementären Aufgaben dienen demselben Ziel, der Erhaltung der gottgewollten Ordnung auf Erden. Daher ist die Stellvertretung des Verborgenen Imams – der allein geistliche *und* weltliche Führung in seiner Person vereint – während seiner Abwesenheit aufgeteilt: der weltliche Arm des Monarchen sorgt für Recht und Ordnung und schützt das Land militärisch, während den ʿUlamâ das geistliche Wächteramt zufällt: sie prüfen die Rechtmäßigkeit aller Regierungshandlungen und wachen über die Einhaltung der geoffenbarten, gottgewollten Ordnung *(scharîʿa)*.

Die «Instanz der Nachahmung»: *Madscha' at-taqlîd*

Während des 19. Jahrhunderts konnte sich die Schule der Usûlîs, der «Anhänger der Prinzipien» – also der Vertreter der selbständigen Rechtsfindung aufgrund rationaler Erwägungen *(idschtihâd)* – im Irak wie in Iran endgültig gegen alle anderen innerschiitischen Strömungen durchsetzen. Die fundamentalistischen «Traditionalisten» (Achbârî) wurden zu einer unbedeutenden Randgruppe; mit der Waffe des «Für-ungläubig-Erklärens» *(takfîr)* versuchten die Mudschtahids, die Schia von allen Resten mystischer, gnostischer oder chiliastischer Religiosität zu reinigen, und drängten neuere religiöse Bewegungen wie den Scheichismus, den Bâbismus und den Bahâ'ismus aus dem nun enggezogenen Kreis der Orthodoxie hinaus; die Zwölfer-Schia nahm die Form an, unter der wir sie heute kennen. Die Theorie, daß während der Abwesenheit des Verborgenen Imams dessen gesamte Aufgaben von den qualifizierten Gelehrten stellvertretend übernommen werden müßten, fand ihre abschließende Formulierung. Welche Aufgaben das waren, hatte schon der älteste Sammler von Imam-Aussprüchen, al-Kulainî, im 10. Jahrhundert formuliert: «Dem Imam obliegen die Leitung des Gebets, die Erhebung der Armensteuer, die Regelung des Fastens [im Ramadân], die Wallfahrt *(haddsch)*, der Dschihâd, das Haushalten mit dem Gemeindeeigentum *(fai')* und den Almosen, die Vollstreckung der [im Koran vorgeschriebenen] Leibesstrafen *(hudûd)*, das Fällen von Urteilen und die Verteidigung der Grenzen.»

Für all das sind also nun die qualifizierten Gelehrten, die Mudschtahids, verantwortlich, und ihrer eigenen Theorie zufolge können sie sich dazu des weltlichen Arms bedienen. Die Qualifikation zur räsonablen Entscheidung, zum Idschtihâd, wird nun nur noch ganz wenigen Gelehrten vorbehalten; im Idealfall ist es der vorzüglichste (arabisch: *al-afdal*) oder kundigste *(al-a'lam)* der Gelehrten, dem die letzte Entscheidung zufällt. Wer aber ist der Vorzüglichste und Kundigste, welche Anforderungen werden an ihn gestellt und – vor allem – wie ermittelt man ihn? Diese Frage hat die Mudschtahids seitdem immer wieder beschäftigt. Ein Trend zur Etablierung einer Spitze der Hierarchie wird hier erkennbar. Zwar liegt die Stellvertretung des Verborgenen Imams in der Theorie beim Kollektiv der qualifizierten Gelehrten, doch entsprach das Postulat einer höchsten Instanz offenbar einem tiefsitzenden Bedürfnis: mit fehlbaren, einander widersprechenden Mudschtahids und der Vorläufigkeit ihrer Entscheidungen mochte man sich zwar in der Theorie abfinden; das Verlangen nach einer höchsten, allgemein anerkannten Autorität jedoch brach sich immer wieder Bahn.

Eine Institutionalisierung der Position des «vorzüglichsten Gelehrten» hat es vor der Islamischen Revolution in Iran nicht gegeben. Dennoch haben sich seit dem 19. Jahrhundert einzelne prominente Mudschtahids aufgrund ihrer Fähigkeiten und ihrer Popularität den Rang allgemein anerkannter Autoritäten erworben; sie wurden zu «Instanzen der Nachahmung» (arabisch *mardscha' at-taqlîd*), d. h. ihr Vorbild wurde weithin verbindlich, ihre Entscheidungen waren allgemein gefragt und wurden akzeptiert, weit über den lokalen oder regionalen Rahmen hinaus, in dem die Autorität eines Mudschtahid gewöhnlich ihr Betätigungsfeld findet. Erinnern wir uns, daß *taqlîd* (sinngemäß: Nachahmung, Unterwerfung unter eine Autorität) das Gegenstück zu *idschtihâd* (selbständige Rechtsfindung) ist: während nur wenige qualifizierte Experten zum Idschtihâd befähigt und berechtigt sind, hat die Masse der Gläubigen Taqlîd zu üben, d. h. sich der höheren Autorität zu beugen und sich von ihr leiten zu lassen.

Welche Qualitäten der «vorzüglichste» oder «gelehrteste» (*al-a'lam*) Gelehrte haben muß und wie man sie erkennt, ist unter den Mudschtahids selbst umstritten; um die Frage der «höchsten Qualifikation» (*a'lamiyya*) drehen sich zahllose Kontroversen. Manche Schiiten bezweifeln geradezu, daß es einen einzelnen Menschen geben könne, der alle nur denkbaren Qualifikationen in sich vereinigt; sie plädieren für ein Zusammenwirken der Kräfte und die Schaffung einer kollektiven *a'lamiyya* durch die Einsetzung eines Rates oberster Mudschtahids. In der Praxis haben sich die Mardscha's bisher immer ohne formale

Prozeduren durchgesetzt; ihr Rang beruht auf spontaner Anerkennung durch die Gläubigen.

Der erste Mudschtahid, der von allen Zwölfer-Schiiten als *mardscha' at-taqlîd* anerkannt wurde, war der aus Chûzistân (Südwestiran) stammende Mortazâ Ansârî (gest. 1864), der längere Zeit in Iran gewirkt hatte und 1833 nach Nadschaf übersiedelte. Die Schreine im Irak blieben während des ganzen 19. Jahrhunderts die geistigen Zentren des Schiitentums; erst im 20. Jahrhundert sollte Qom an ihre Stelle treten. Ansârî hatte keinen unmittelbaren Nachfolger; es dauerte eine Zeitlang, bis sich ein neuer Mardscha' allgemein durchsetzte, Mîrzâ Muhammad Hasan Schîrâzî, der sich am Schrein des zehnten und elften Imams in Samarra niederließ und dem wir im Zusammenhang mit dem Konflikt um das Tabakmonopol noch begegnen werden. Auch nach seinem Tod 1895 gab es zunächst längere Zeit keine allgemein anerkannte höchste Autorität. In den zwanziger Jahren des 20. Jahrhunderts teilten sich drei Mardscha's diese Würde, zwei davon noch immer im irakischen Nadschaf, daneben aber erstmals jener Mann, der Qom zu einer führenden Rolle im schiitischen Geistesleben verhalf: der Âyatollâh Hâ'erî (gest. 1937), der Lehrmeister Chomeinîs.

Der dritte allgemein anerkannte höchste Mardscha' war seit 1949 der in Qom lehrende Âyatollâh Husain Borûdscherdî. Als dieser 1962 starb, versuchte Schah Mohammad Rezâ Pahlavî vergeblich, einem Nichtiraner die Würde des höchsten Mardscha' zuzuspielen, um den Einfluß des Klerus im eigenen Land einzudämmen: der Schah telegrafierte die Nachricht vom Tode Borûdscherdîs an den irakischen Âyatollâh Muhsin al-Hakîm in Nadschaf und versuchte diesen damit gewissermaßen als Nachfolger zu designieren. Doch in Qom war man mittlerweile selbstbewußt genug geworden, um den Vorrang von Nadschaf nicht mehr anzuerkennen und einen Araber als höchsten Mardscha' nicht mehr zu tolerieren.

Die höchste geistliche Autorität übten nach 1962 nicht weniger als acht Gelehrte gleichzeitig aus, die als Mardscha' at-taqlîd weithin anerkannt waren, davon drei in Nadschaf: der Araber Muhsin al-Hakîm und die Iraner Schâhrûdî und Chû'î; einer in

Teheran (Chwânsârî), einer in Maschhad (Mîlânî) und drei in Qom (Golpâyegânî, Marʿaschî und Scharîʿat-Madârî). Durch die vorrevolutionären Ereignisse von 1963/64, die zur Ausweisung des bis dahin unbekannten Chomeinî führten, geriet dieser erstmals ins Rampenlicht und rückte, als er sich 1965 am Schrein von Nadschaf niederließ, als Wortführer der geistlichen Opposition gegen das Schah-Regime schnell in den Rang eines Mardschaʿ auf. Chomeinîs 1979 verfassungsmäßig institutionalisierter Rang als «Führer» *(rahbar)* der Revolution brachte ein völlig neues – und nicht unumstrittenes – Element in die traditionell informelle Hierarchie des schiitischen Klerus; die Haltung der übrigen Mardschaʿs schwankte zwischen Zustimmung, deutlicher Zurückhaltung (Chû'î, Golpâyegânî, Mîlânî, Chwânsârî) und offener Opposition (Scharîʿat-Madârî) gegenüber der Rolle des «Führers».

Nach der Revolution, zu Beginn der 1980er Jahre, wurden neben dem Revolutionsführer Chomeinî acht Mudschtahids als Mardschaʿ at-Taqlîd anerkannt, davon nur noch einer im Irak (Chû'î) und sieben in Iran: Scharîʿat-Madârî, Marʿaschî und Golpâyegânî in Qom, Schîrâzî und Qommî in Maschhad, Chwânsârî in Teheran, Mahallâtî in Schîrâz.

Inzwischen hat sich die Zahl der Mardscha's wieder verringert: 1986 starb Scharîʿat-Madârî, der während seiner letzten Lebensjahre unter Hausarrest gestanden hatte; 1989 starb Chomeinî, 1991 in Qom der gelehrte Büchersammler Marʿaschî und 1992 in Nadschaf der 93 jährige Âyatollâh Chû'î, der zuletzt von allen Mardschaʿs die größte Autorität genoß – sogar die Schiiten im indischen Haiderabad erkannten ihn als ihre «Instanz der Nachahmung» an und lieferten ihren «Fünft» an ihn ab – und den Saddâm Hussein deshalb vergeblich für seine politischen Ziele einzusetzen versuchte. Nach dem Tode Golpâyegânîs im Dezember 1993 war in Qom nur noch der Âyatollâh Arâkî als Mardschaʿ allgemein anerkannt, ferner in Nadschaf die Âyatollâhs Kâschânî, Schîrâzî und ʿAli as-Sîstânî; letzterer avancierte dann zur höchsten Autorität im Irak. Neben ihnen steht – in einer politischen Sonderrolle – in Iran der als Nachfolger Chomeinîs amtierende «Führer» der Revolution, Châmene'î. Den Mardscha's wird in der neuerdings üblichen, inflationär aufgeblasenen Titel-Hierarchie der höchste Rang, der des Groß-Âyatollâhs *(Âyatullâh al-'uzmâ)*, zuerkannt.

Die Konzentration geistlicher Autorität auf eine – wechselnde – Zahl von ganz wenigen «Instanzen der Nachahmung» hat an der grundsätzlichen Annahme der Fehlbarkeit der Mudschtahids nichts geändert: kein Mardscha' gilt als unfehlbar; jede Entscheidung ist vorläufig und im Prinzip aufhebbar, und zwar durch den Idschtihâd eines anderen Mardscha'. Natürlich wird man in der Praxis stets darauf achten, daß die Autorität der «Instanzen der Nachahmung» nicht durch zu häufige Widerrufe diskreditiert wird; das wäre dem Renommee des ganzen Gelehrtenstandes abträglich.

IV. Die revolutionäre Schia

Der Kampf gegen die Verwestlichung

Der gesellschaftliche Einfluß der iranischen Mollâs im 19. Jahrhundert war in erster Linie durch die Doppelrolle bedingt, die sie – durchaus auch in eigenem Interesse – übernahmen: sie traten einerseits auf als Wahrer der Interessen der Bevölkerung gegenüber dem fremdstämmigen (türkmenischen) Herrscherhaus der Qadscharen, und sie verstanden sich andererseits als Wahrer der iranischen Interessen gegenüber den zunehmenden, vor allem wirtschaftlichen europäischen Einflüssen. Diese populäre, «nationale» Rolle spielen sie noch heute, und ohne diese Komponente ihres Wirkens müßte die Revolution von 1979 unverständlich bleiben.

In beiden Rollen ist der schiitische Klerus eng verbunden mit dem *bâzâr*, mit der traditionellen Wirtschaft der iranischen Städte, mit Handwerk, Handel und Geldverleih. Die Mollâs stehen dieser Schicht meist mittelständischer Geschäftsleute nicht nur durch eigene Herkunft, durch Verwandtschaft und

Verschwägerung sozial sehr nahe, sondern sie leben auch von ihr, denn der «Fünft» *(chums)* mit dem «Anteil des Imams», den die Mollâs verwalten, fließt ja vor allem aus den Einkünften der Geschäftsleute des Bazars. Da die Gläubigen selbst entscheiden können, welchem Geistlichen sie ihre Abgaben zukommen lassen wollen, verfügen die Bâzârîs über ein Steuerungsinstrument: sie können einzelne Mudschtahids durch ihre Loyalität und ihr Geld fördern, andere aber gewissermaßen «verhungern» lassen; ein Mudschtahid, der nicht imstande ist, selber wieder Wohltaten zu spenden – etwa für den bescheidenen Lebensunterhalt seiner Studenten aufzukommen –, verliert rasch an Einfluß.

Die Interessengemeinschaft von Bazar und Klerus, die wesentlich zum Erfolg der Revolution von 1979 beigetragen hat, ist schon im 19. Jahrhundert mehrfach wirksam gewesen. Etwa um 1850 begannen die Qadscharen-Schahs – ähnlich wie die osmanischen Sultane in Istanbul – mit einer Reihe von Reformen, die Iran zu einem modernen Staat nach europäischem Vorbild machen sollten. Nâsiroddîn Schâh (1848–1896) holte nicht nur europäische Berater für das Militär-, Justiz- und Erziehungswesen ins Land, sondern auch europäisches Kapital und europäische Unternehmer, die sich – zum beiderseitigen Profit – in Iran etablierten und bedeutende Zweige der iranischen Wirtschaft unter ihre Kontrolle brachten. Die traditionellen iranischen Geschäftsleute – eben «der Bazar» – sahen sich von dieser Entwicklung bedroht; verarmten jedoch die Bâzârîs, dann drohte der Strom des «Fünft» zu versiegen. Hinzu kam, daß der schiitische Klerus durch die Einrichtung moderner Lehranstalten und neuer, europäisch organisierter Justizorgane zwei wesentliche – und einträgliche – Betätigungsfelder verlor, die er seit eh und je monopolisiert hatte.

Es ist hier nicht der Ort, die spannungsreiche und bewegte Entwicklung des Verhältnisses zwischen Monarchie und Klerus im 19. Jahrhundert nachzuzeichnen. Nur ein Fall muß erwähnt werden, weil er für die Methoden kennzeichnend ist, mit denen die Mollâs ihren Einfluß durchzusetzen suchten. Es ist der bekannte Konflikt um das Tabakmonopol. Zur Förderung der iranischen Wirtschaft (und seiner eigenen Einkünfte) hatte der

Schah ausländischen Staaten und Firmen eine Reihe von Privilegien und Monopolen zugestanden; so erhielten die Russen 1879 Fischereirechte im ganzen Kaspischen Meer, und die Briten durften 1889 die *Imperial Bank of Persia* gründen. Der Ausverkauf einheimischer Wirtschaftsinteressen erreichte seinen Höhepunkt, als der Schah 1890 das Monopol der Vermarktung der gesamten iranischen Tabakproduktion für fünfzig Jahre einer britischen Firma, der *Imperial Tobacco Company*, übertrug – gegen ein jährliches Fixum von 15 000 Pfund Sterling und ein Viertel des Profits. Es waren weniger die ländlichen Erzeuger des Tabaks, die dadurch geschädigt wurden – ihnen sicherte das Monopol sogar regelmäßige Einkünfte –, als vielmehr die Großhändler und traditionellen Geldverleiher des Bazars, deren wirtschaftliche Interessen beträchtlich berührt waren; als sie aufbegehrten, liehen ihnen die Mollâs bereitwillig das geistliche Schwert zum Kampf gegen die «Ungläubigen». Aus dem irakischen Schrein von Samarra sandte der damals allgemein als höchster Mardschaʿ anerkannte Schîrâzî (s. o. S. 84) ein Protesttelegramm an den Schah. Als viel wirksamer jedoch erwies sich ein Rechtsgutachten *(fatwâ)*, das im Dezember 1891 in Teheran kursierte und von dem behauptet wurde, es stamme von Schîrâzî (was bis heute nicht eindeutig erwiesen ist). Dieses erklärte jeden Tabakgenuß zu einer Kampfhandlung gegen den derzeitigen Imam, d. h. gegen den verborgenen zwölften Imam. Die Fatwâ wurde in Windeseile in ganz Iran verbreitet, und in kürzester Zeit verschwanden Pfeifen und Wasserpfeifen aus den Kaffeehäusern; das Rauchen wurde in ganz Iran eingestellt. Der geprellte britische Unternehmer verlangte vom Schah die Rücknahme des nun nutzlos gewordenen Monopols, das denn auch im Januar 1892 tatsächlich widerrufen wurde. Noch im selben Monat erschien eine neue, telegrafisch übermittelte Fatwâ, diesmal eindeutig von dem Mardschaʿ Schîrâzî in Samarra stammend, die das Tabakrauchen wieder freigab.

Im Konflikt um die Einführung einer Verfassung im Jahre 1906 standen nicht wenige der iranischen Mollâs auf der Seite der liberalen Konstitutionellen, aber nicht etwa, weil sie die Demokratisierung des Landes auf ihre Fahnen geschrieben hätten, sondern weil sie jede Schwächung der absoluten Monarchie als Stärkung ihrer eigenen Position betrachteten. Die meisten Mollâs standen der Verfassungsbewegung mißtrauisch gegenüber; sie suchten ihren Einfluß zu befestigen, indem sie in einem Zusatz zur Verfassung vom 7. Oktober 1907 den Artikel 2 durchsetzten, der alle Entscheidungen des Parlaments der Kontrolle eines Gremiums von fünf Mudschtahids unterwarf, die zu prüfen hatten, ob ein Gesetz mit der göttlichen Rechtsordnung der Scharî'a vereinbar sei. Damit sicherte sich der Klerus ein Vetorecht gegenüber allen Entscheidungen der gesetzgebenden Versammlung. Da die Verfassung nach der Auflösung des zweiten Parlaments durch den Schah im Jahre 1911 praktisch ruhte, wurde auch dieser berühmte Artikel 2 obsolet; er blieb aber unvergessen, und bei der Ausarbeitung der Verfassung der Islamischen Republik 1979 kam man wieder darauf zurück.

Nach dem Sturz der Qadscharen-Dynastie und der Machtübernahme des ehemaligen Militärs Rezâ Chân unter dem Thronnamen «Rezâ Schâh Pahlavî» geriet der iranische Klerus in die Defensive. Rezâ Schâh (1925–1941), ein Bewunderer Kemal Atatürks, versuchte wie dieser, sein Land in einen modernen laizistischen Staat umzuwandeln. Alle Partikulargewalten – Provinzherrscher, Aristokratie, Nomadenfürsten, Geistlichkeit – wurden gewaltsam unter die Autokratie des Monarchen gezwungen; der gesellschaftliche Einfluß der Mollâs sollte gebrochen werden. Wie Atatürk machte Rezâ Schâh europäische Kleidung für Männer obligatorisch (1929) und verbot den Frauen das Tragen des Schleierumhangs, des *tschâdor* (1936). Indem der Schah nur den Mollâs und Theologiestudenten das Tragen des traditionellen Kaftans und des Turbans gestattete und ihre Anerkennung als Geistliche durch eine staatliche Prüfungskommission aussprechen ließ, wurde er zum eigentlichen Vollender der Klerikalisierung der 'Ulamâ; erst von jetzt an waren die 'Ulamâ als besonderer Stand definiert und an der Kleidung kenntlich. Die öffentlichen Trauerkundgebungen im Monat Muharram wurden unterbunden, die Geißelungen und die Passionsspiele verboten. Unterrichts- und Rechtswesen wurden säkularisiert, das Jura- und das Theologiestudium an die 1935 gegründete Universität Teheran verwiesen und damit staatlicher Kontrolle unterstellt; nur wer dort Jura studiert hatte, konnte fortan Richter werden. Die Tätigkeit der Mollâs wurde auf religiöse Belange beschränkt; 1932 verloren sie mit ihrem Monopol der Beglaubigung und Beurkundung von Rechtsgeschäften – also einer Art Notarsfunktion, vor allem auf dem Lande – eine ihrer einträglichsten Einkommensquellen. Ein großer Teil der Studenten ließ sich von dem Ruf zum Aufbruch in die Moderne mitreißen; die junge Generation der Intellektuellen war liberal, laizistisch und antiklerikal eingestellt.

Als Rezâ Schâh wegen seiner Versuche, sich an das Deutsche Reich anzulehnen, von den Alliierten gezwungen wurde, zugunsten seines Sohnes Mohammad Rezâ abzudanken, nahmen die Repressionen gegen die Geistlichkeit deutlich ab. Die Schwäche des jungen Schahs nutzten die Mollâs, um verlorenes Terrain zurückzugewinnen; 1948 gutachteten fünfzehn führende Mudschtahids in einer Fatwâ, das Tragen des Tschâdor sei obligatorisch, und der Schah wagte es nicht, sich zu widersetzen. Auch die von Rezâ Schâh unterdrückten ʿÂschûrâ-Bräuche mit ihren Geißlerprozessionen und Taʿziye-Aufführungen lebten wieder auf. Aber am laizistischen Kurs seines Vaters hielt der neue Schah unbeirrt fest, vor allem als er nach dem nationalistischen Zwischenspiel des Premierministers Mosaddeq (1951–1953) mit Hilfe der USA gestärkt auf seinen Thron zurückkehrte. In dem Jahrzehnt zwischen 1953 und 1963 verschärften sich die uralten Spannungen zwischen Monarchie und Klerus – im Westen fast gänzlich unbemerkt – erneut, um dann mit aller Heftigkeit zum Ausbruch zu kommen.

Der Aufstieg von Qom

Das 140 Kilometer südwestlich von Teheran gelegene Qom ist eines der ältesten Zentren der Schia auf dem Boden Irans. Seine führende Rolle als Hochburg der islamischen Revolution ist jedoch recht jungen Datums. Die altiranische Stadt Qom wurde wahrscheinlich bei der arabisch-islamischen Eroberung Irans in der Mitte des 7. Jahrhunderts zerstört, wurde jedoch schon 712 oder 713 durch schiitische Araber aus Kufa wiederbesiedelt und behielt ihren Charakter als arabische Kolonie noch mehrere Jahrhunderte. 816 oder 817 starb hier die Schwester des achten Imams, Fâtima «die Unfehlbare» *(al-Maʿsûma)*, deren Grab die Stadt ihr Charisma verdankt. Im 10. Jahrhundert wurde Qom neben Bagdad zum wichtigsten Zentrum zwölfer-schiitischer Gelehrsamkeit. 1224 wurde die Stadt gleich bei der ersten Invasion der Mongolen zerstört und verlor für Jahrhunderte jede Bedeutung; erst im 14. Jahrhundert wird sie wieder erwähnt. Die Fürsorge der schiitischen Dynastie der Safaviden (1501–1722) ließ Qom wiederaufleben. Schon bevor der Irak 1638 unter die Herrschaft der sunnitischen Osmanen kam, suchte besonders Schah ʿAbbâs I. (1588–1629) die schiitischen Pilger von den irakischen Imamgräbern weg zu den beiden in Iran gelegenen Schreinen von Maschhad und Qom zu locken. Er bedachte den Schrein der Fâtima-ye Maʿsûme mit reichen Stiftungen und ließ eine Schule und ein Pilgerhospiz bauen; mehrere seiner Nachfolger ließen sich in Qom begraben. Schon 1533 war die juristisch-theologische Hochschule *(madrasa)* gegründet worden, die nach einem dort lehrenden berühmten Religionsgelehrten, Muhsin Feiz Kâschânî, den noch heute gebräuchlichen Namen *Feiziyye* (arabisch: *al-Faidiyya*) bekam. Die Nähe Teherans, das unter den Qadscharen (1796–1925) zur königlichen Residenz aufstieg, kam auch Qom zugute. Der Schrein mit der vergoldeten Kuppel, die danebengelegene Freitagsmoschee mit der großen fliesenverzierten Kuppel und die unmittelbar anschließende Madrasa, die Feiziyye, erhielten ihre heutige Form durch Stiftungen der Qadscharen-Schahs, die Qom zudem zum bevorzugten Begräbnisplatz wählten.

Während des 19. Jahrhunderts konnte sich die Feiziyye von Qom nicht mit den anderen Zentren schiitischer Gelehrsamkeit messen; die irakischen Schreine oder «Schwellen» *(ʿatabât)*, allen voran Nadschaf, genossen ein viel höheres Prestige. Das änderte sich erst in den zwanziger Jahren des 20. Jahrhunderts. Seinen Aufstieg verdankt Qom dem Âyatollâh ʿAbd al-Karîm Hâʾerî Yazdî (1859–1937). Der aus Yazd in Zentraliran stammende Gelehrte hatte sich nach Studien an den Schreinen von

Nadschaf und Sâmarrâ zunächst im westiranischen Arâk, dann in Nadschaf und Kerbelâ und schließlich 1913 wieder in Arâk niedergelassen. Solche Ortswechsel zum Zwecke des Studiums und der Lehre sind unter den schiitischen ʿUlamâ durchaus üblich. 1922 folgte er einer Einladung nach Qom, wo er den veralteten Lehrbetrieb an der Feiziyye zu reformieren begann. Die Madrasa hatte damals etwas mehr als 1000 Religionsstudenten *(talaba)*. Hâ'erî zog eine ganze Anzahl seiner Schüler – darunter Chomeinî – in das verschlafene Städtchen. Ihnen folgten alsbald zahlreiche iranische ʿUlamâ, die bis dahin an den «Schwellen» im Irak studiert oder gelehrt hatten, den vom irakischen König Faisal 1922 abgeschlossenen anglo-irakischen «Bündnisvertrag», der den Irak den imperialen Interessen Großbritanniens unterwarf, jedoch mißbilligt hatten und deswegen des Landes verwiesen worden waren. Qom wurde so zum Sammelpunkt einer antiimperialistisch eingestellten Elite jüngerer, religiös geprägter, aber politisch interessierter Intellektueller; von ihnen und ihren Schülern sollte Jahrzehnte später die Revolution entscheidende Impulse empfangen.

Der Âyatollâh Hâ'erî ist der eigentliche Begründer des theologischen «Wissenschaftszentrums» (*houze-ye ʿelmiyye*, arabisch: *al-hauza al-ʿilmiyya*) von Qom. Das arabische Wort *hauza* bedeutet eigentlich «Besitztum, Bezirk, Territorium»; es entspricht hier also etwa dem *campus* des anglo-amerikanischen Universitätssystems. Die Houze ist heute längst über die Mauern der alten Feiziyye-Schule hinausgewachsen und umfaßt zahlreiche Gebäudekomplexe in der ganzen Stadt; die alte Feiziyye selber ist nach der Revolution um eine zweite Hofanlage mit vier Wohnflügeln erweitert worden. Am Stadtrand entstanden eine ganz neue Madrasa, die nach der Lokalheiligen Fâtima-ye Ma'sûme benannt ist, sowie eine Hochschule für Frauen; mittlerweile gehören etwa 100 Institute zur Houze. Die Zahl der Studenten wuchs nach der Revolution sprunghaft; hatte es zu Hâ'erîs Zeiten etwa 1000 Studenten und zur Zeit der Revolution 1979 etwa 6000 gegeben, so waren es 1993 bereits 25 000. Auch Frauen studierten in zunehmender Zahl; viele Studenten kamen aus anderen Ländern. Während des iranisch-irakischen

Krieges 1980–1988 sind 2500 Studenten aus Qom, die als Freiwillige an die Front gegangen waren, als «Märtyrer» gefallen.

Die Houze verfügt über ausgedehnten Stiftungsbesitz (*waqf*, Plural *auqâf*), ist also von der Regierung finanziell unabhängig und betont diese Unabhängigkeit auch gern, sogar gegenüber der politischen Führung in Teheran, zu der sie ein nicht spannungsfreies Verhältnis hat. Nach dem Tod Chomeinîs ist die Administration neu organisiert worden; die Houze wird seitdem durch einen sechsköpfigen «Hohen Rat» *(schûrâ-ye a'lâ)* gelenkt, dessen Mitglieder von der Vollversammlung der Lehrenden gewählt und von den höchsten «Instanzen der Nachahmung» *(mardscha' at taqlîd)* sowie vom Revolutionsführer *(rahbar)* bestätigt werden. Der Unterricht ist dreistufig aufgebaut. Die unterste Stufe heißt (arabisch) *Muqaddamât* (Propädeutika); neben der Einführung in das islamische Recht wird hier vor allem das unerläßliche Arabisch erlernt, die Gelehrtensprache des Islam, in der der größte Teil der traditionellen Literatur abgefaßt ist und und die den schiitischen 'Ulamâ aus aller Welt zur Verständigung dient. Diese erste Stufe kann nach etwa vier Jahren – reglementierte Schuljahre gibt es nicht – mit einem Diplom abgeschlossen werden. Die zweite Stufe heißt *Sat-h* (Gehobenes Niveau) und umfaßt das Studium der Prinzipien der islamischen Jurisprudenz und der Philosophie; nach etwa fünf Jahren wird es mit einer «Licence» *(lisans)* abgeschlossen. Erst auf der dritten, der «auslaufenden» *(châridsch)* Stufe, werden die Studenten, die nun Talar und Turban tragen und in einer Art Assistentenstatus selbst unterrichten, zu qualifizierten Mudschtahids ausgebildet. Dieser letzte Abschnitt ihres Studiums ist weder zeitlich befristet noch endet er mit einem Examen; es ist Sache des Lehrmeisters, einen Studenten nach eingehender Beobachtung für reif zu erklären und ihm die «Erlaubnis» *(idschâza)* zu selbständiger Tätigkeit als Mudschtahid zu verleihen. Der Lehrbetrieb an der Houze ist in den letzten Jahren stark modernisiert worden: Englisch gehört längst zum Standard; neben der traditionellen islamischen Philosophie wird neuerdings auch die Kenntnis westlicher Philosophen gefördert.

Innerhalb der Klasse der Mudschtahids hat sich in den letzten Jahren eine Art Hierarchie ausgebildet, die sich in einer standardisierten Titulatur ausdrückt: der erste Ehrentitel, den ein Mudschtahid erwerben kann, ist «Autorität des Islams und der Muslime» *(huddschat al-islâm wal-muslimîn)*. Die nächste Stufe ist «Zeichen Gottes» *(âyatullâh)*; die höchste ist «Größtes Zeichen Gottes» *(âyatullâh al-ʿuzmâ)*; dieser Titel ist den ganz wenigen, allgemein als «Instanz der Nachahmung» *(mardschaʿ at-taqlîd)* anerkannten Groß-Âyatollâhs vorbehalten. Der Erwerb dieser Ehrentitel geschieht auf recht informelle Weise: der Mudschtahid erhält sie – bei entsprechender persönlicher Autorität – durch die eigene Klientel zugesprochen; entweder setzt sich die Anrede durch oder nicht; ein formalisiertes Verfahren der Promotion in dieser noch ganz jungen Hierarchie hat sich bisher nicht entwickelt.

Schiitische Revolutionsideologie

Die Schia ist nicht an sich revolutionär. Jahrhundertelang hat sie ein Ideal des Leidens und Erduldens gepflegt; der Prototyp des Schiiten war der still duldende Märtyrer *(schahîd)*, nicht der aufbegehrende Rebell. Die Erringung der legitimen Macht durch den gottgewollten Nachfolger des Propheten blieb zwar das erklärte Ziel der Schia; dies aber war dem Verborgenen Imam selber vorbehalten; bis zu dessen Rückkunft in der messianischen Gestalt des Mahdi blieb den Gläubigen nichts als warten, beten und hoffen. Die traditionelle Schia ist unpolitisch und quietistisch; Teilhabe an der Macht ist ihr seit eh und je suspekt; es war schon die Rede davon, mit welchen Skrupeln schiitische ʿUlamâ selbst schiitischen Potentaten dienten. Die führenden ʿUlamâ des 19. und 20. Jahrhunderts, die großen Mardschaʿ at-Taqlîd, sind – bis in unsere Tage – fast ausnahmslos unpolitische Figuren gewesen: Schîrâzî (gest. 1895), Hâ'erî, der Reformator der Schule von Qom (gest. 1937), Borûdscherdî (gest. 1962), der Büchersammler Marʿaschî (gest. 1991), der irakische Groß-Âyatollâh Chû'î (gest. 1992) oder der bis zu seinem Tode zurückgezogen in Qom lebende Groß-Âyatollâh Golpâyegânî (1899–1993). In die

Tagespolitik haben sie nur gelegentlich eingegriffen, wenn die Interessen des Klerus oder seiner zahlenden Klientel unmittelbar berührt waren, wie im Konflikt um das Tabakmonopol oder bei der Landreform des letzten Schahs, von der auch ein Teil der frommen Stiftungen betroffen war. Der Revolutionär Chomeinî, ein *newcomer* unter den Groß-Âyatollâhs, war dagegen mit seinem politischen Programm und seinem Aktivismus vielen seiner konservativen Kollegen suspekt; er strebte eine Rolle an, die die schiitischen Geistlichen traditionell verabscheuten.

Die Umformung der schiitischen Tradition in eine Revolutionsideologie ist denn auch eine ganz moderne Erscheinung, die beträchtliche Modifikationen der religiösen Überlieferung erforderte, und sie ist im wesentlichen das Werk von Intellektuellen, zum Teil westlicher Prägung, von «Laien», nicht von Geistlichen. An erster Stelle sind hier der Teheraner Lehrer, Volkskundler und Schriftsteller Dschalâl Âl-e Ahmad (1923–1969) und sein Schüler, der Religionswissenschaftler und Soziologe ʿAlî Scharîʿatî (1933–1977), zu nennen. Beide waren tief geprägt von der Erfahrung der kolonialen Fremdherrschaft, als deren ausgebeutetes Opfer sie das iranische Volk erlebten.

1907 hatten Rußland und Großbritannien in einem Geheimabkommen das iranische Territorium in Interessensphären aufgeteilt; im Norden trat später die Sowjetunion das koloniale Erbe des Zarenreiches an, während am Golf nach dem Zweiten Weltkrieg die USA die Rolle des als Kolonialmacht abdankenden Großbritannien übernahmen. 1953 machte ein von der CIA gesteuerter Putsch dem national-iranischen Regime des Premiers Mosaddeq, der die Erdölwirtschaft verstaatlicht hatte, ein Ende, und der damals wieder auf den Thron gesetzte Schah Mohammad Rezâ Pahlavî lehnte sich eng an Amerika an. Der Widerstand gegen diese ausländischen Einflüsse ist die eigentliche Quelle der revolutionären Schia oder der schiitischen Revolution. Die starken antiwestlichen Affekte der islamischen Revolution von 1979 haben hier, in der jüngsten halbkolonialen Vergangenheit des Landes, ihre Ursache; sie sind weder aus dem traditionellen Islam im allgemeinen noch aus der schiitischen Überlieferung im besonderen zu erklären.

Âl-e Ahmad, der ehemalige Theologiestudent *(talaba)* und zeitweilige Kommunist, wandelte sich unter dem Eindruck der Stalinschen Politik zum glühenden Nationalisten und Fremdenhasser; er machte die blinde Nachäffung des Westens dafür verantwortlich, daß die Iraner sich von ihren eigenen traditionellen Werten entfernten, ihre «Wurzeln» kappten, aus denen ihrer Kultur der Lebenssaft zuströmte. Durch den bekanntesten seiner Buchtitel machte Âl-e Ahmad das schwer übersetzbare Wort *gharb-zadagî* in Iran populär, das man als «Befallensein vom Westen» übersetzt hat, als «Westtrunkenheit» (ein englischer Übersetzer prägte das Wort *westoxication*), als «Euromanie», «Verwestlichungsseuche» oder gar «Okzidentose»: eine entsetzliche, tödliche Krankheit, die das iranische Volk befallen habe. Chomeinî bekannte später, daß er das 1962 erschienene Buch voller Bewunderung gelesen habe. Der linke Intellektuelle Âl-e Ahmad wandte sich voller Begeisterung und trotz seines nie ganz überwundenen Skeptizismus der eigenen religiösen Tradition zu, in der er das einzig wirkliche Gegengift gegen die schleichende Seuche sah, denn nur die Religion allein glaubte er von den Wirkungen der westlichen Pest noch nicht infiziert, und da die große Masse der einfachen Iraner an ihren religiösen Traditionen hing, spürte er hier mit sicherem Instinkt ein revolutionäres Potential, das weit größer sein würde als das der von marxistischen Ideen beeinflußten Studenten und Intellektuellen oder der nicht sehr zahlreichen Arbeiter auf den Ölfeldern.

Die Wirkung, die Âl-e Ahmads Bücher auf eine ganze Generation von Iranern, auch von Geistlichen und Theologiestudenten, ausgeübt haben, ist kaum zu überschätzen. Nach Âl-e Ahmads Tod im Jahre 1969 wurden seine Ideen in den 1970er Jahren von ʿAlî Scharîʿatî aufgenommen und vertieft. Wie sein Vorbild entstammte dieser einer streng religiösen Familie, war Sohn eines Predigers und wuchs beim Schrein von Maschhad auf, doch studierte er dann in Paris Religionswissenschaft und Soziologie (1960–65) und erwarb an der Sorbonne einen Doktortitel in iranischer Philologie. Beeinflußt von Karl Marx und Max Weber, Jean-Paul Sartre, Herbert Marcuse und dem damals vielgelesenen Frantz Fanon, dem Propheten der *négritude*, dessen

Buch *Die Verdammten dieser Erde* er ins Persische übersetzte, entwickelte er eine eigene Ideologie, in der westliche Ideen und die iranische schiitische Tradition in eine eigenartige Synthese gezwungen wurden. Nach seiner Rückkehr nach Iran unterrichtete Scharî'atî zunächst als Lehrer in einem ostiranischen Dorf und dann als Assistent an der Universität Maschhad. Wegen seiner Ideen entlassen, ging er nach Teheran, wo er zwischen 1969 und 1973 Vorträge an der «Husainiyya der Rechtleitung» *(Hoseiniyya-ye Erschâd)* hielt, einer religiösen Privatakademie, die der Schah 1973 schließen ließ. Nach Verhaftung und Folter unter Hausarrest gestellt, konnte er schließlich 1977 Iran verlassen, starb aber schon im selben Jahr in London.

Scharî'atîs Schiitentum ist recht unorthodox, jedenfalls im Sinne konservativer Mollâs. Im Grunde handelt es sich dabei um eine moderne Revolutionsideologie, eingehüllt in das Gewand traditioneller schiitischer Bilder und Symbole, die indes eine gänzliche Umdeutung und Neubewertung erfahren. Schia ist hier gleichbedeutend mit dem Kampf für Gerechtigkeit, gegen Fremdherrschaft, Tyrannei, Feudalismus und Ausbeutung. In dem Augenblick, da die Schia sich mit den herrschenden weltlichen Mächten verbündete, verriet sie ihre gottgewollte Mission. Dieser Sündenfall ist für Scharî'atî die Errichtung der safavidischen Monarchie im Jahre 1501. Der Ruhmestitel der Schia bis dahin war ihre Opposition gegen alle Dynastien gewesen, die im Namen des Islam Tyranneien errichtet hatten. Die Schia der vor-safavidischen Zeit erscheint als «die Quelle der Auflehnung und des Kampfes der niedergetretenen und bedrückten Massen, besonders der ländlichen Bevölkerung.» Doch dann «kamen die Safaviden... Die Rote Schia wurde zur Schwarzen Schia. Die Religion des Martyriums wurde zur Religion des Jammerns.»

Die «rote Schia» ist die «alidische», also die Schia des ersten Imams 'Alî, die ursprüngliche, reine, wahre, unverfälschte Schia, die Schia der revolutionären Tat, des Kampfes gegen Tyrannei und Ausbeutung. Die «schwarze Schia» dagegen, auch die «safavidische» genannt, ist die des Arrangements mit den Mächtigen, den Ausbeutern und Unterdrückern; sie hat die revolutionäre Mission verraten, indem sie an die Stelle von Kampf und Martyrium das tatenlose Jammern der ʿÂschûrâ-Prozessionen und das Weinen an den Gräbern der Imame setzte. Scharîʿatî verachtete die traditionellen Muharram-Riten mit ihren Selbstgeißelungen und Taʿziye-Aufführungen ebenso wie die juristische Kasuistik der Mollâs; er träumte von einem «Islam ohne Pfaffen» *(islâm menhâ-ye âkhûnd)*. Die Mollâs und Âyatollâhs mit ihren mittelalterlichen Folianten, mit all den Rechtswerken, Kommentaren und Superkommentaren, erschienen ihm als Hemmnis der Erkenntnis, des Fortschritts und der revolutionären Tat. Auf Scharîʿatîs Schrift «Das Martyrium» *(Schahâdat)* geht der Slogan zurück, der während der Revolution häufig auf den Transparenten der Demonstrationszüge zu lesen war: «Jeder Boden ist Kerbelâ, jeder Monat ist Muharram, jeder Tag ist ʿÂschûrâ». Dieser revolutionäre Slogan steht konträr zu aller herkömmlichen Auffassung, nach der ʿÂschûrâ eben gerade nicht jeder Tag ist, sondern nur der 10. Muharram; am 11. liegt der traditionelle Schiit mit verbundenem Kopf zu Hause und am 12. bietet er im Bazar wieder seine Zwiebeln feil. Die in den ʿÂschûrâ-Bräuchen vorgenommene Ritualisierung des Selbstopfers, die den entscheidenden Schritt zur Entstehung des Schiitentums dargestellt hatte (s. o. S. 25), wird hier rückgängig gemacht: Das Selbstopfer wird entritualisiert; die rituelle Ersatzhandlung – einmal im Jahr mit einem geringen Aufwand an Blut absolviert – reicht jetzt nicht mehr aus; jeder Tag ist nun ʿÂschûrâ, jeder Boden ist Kerbelâ. Das Martyrium, der Opfertod, wird im Dienste der Revolution (später auch des Krieges gegen den irakischen Aggressor) tatsächlich eingefordert; es darf nun wirklich gestorben werden.

Neben der Ent-Ritualisierung des Selbstopfers steht die Aufhebung der eschatologischen Mahdi-Erwartung. Während der Anwesenheit der Imame hatte Gott den Menschen ihren Führer gegeben; seit dem Verschwinden des zwölften Imams aber ist die Menschheit insgesamt von Gott dazu aufgefordert, als Stellvertreter des Verborgenen Imams zu agieren und das Reich der Gerechtigkeit zu errichten, und zwar nicht erst am Sankt-Nimmerleins-Tag, sondern schon hier und jetzt: «Erwählt euch [selbst] die Vertretung des Imams, um einen verantwortlichen Führer zu haben», ruft Scharîʿatî seinen Lesern zu. Die privilegierte Rolle des Klerus, der qualifizierten Mudschtahids, wird damit negiert; das Volk selber wird das Reich des Mahdi errichten. Die religiösen Stiftungen (*waqf*, Plural *auqâf*) sollen für den «sozio-politischen Kampf, für Erziehungseinrichtungen und Unterricht» nutzbar gemacht werden; die religiöse Autorität der «Instanzen der Nachahmung» *(mardscha'iyye)* soll in den Dienst der Zentralisierung der revolutionären Bewegung gestellt werden. Die traditionelle «Nachahmung» *(taqlîd)* dient künftig der revolutionären Disziplin, und die alte schiitische Praxis der «Vorsicht» *(taqiyya)*, der Verleugnung des schiitischen Bekenntnisses in Zeiten der Verfolgung, wird umgedeutet zur konspirativen Tätigkeit der revolutionären Kader.

Wie alle islamistischen Ideologen des 20. Jahrhunderts hat auch Scharî'atî ein Bild des Islams, das unhistorisch und utopisch ist. Vierzehn Jahrhunderte islamischer Geschichte werden als Irrweg abgetan; gegen das historisch Gewordene wird das Bild eines Goldenen Zeitalters gesetzt, der Ära des Propheten, Fâtimas, 'Alîs und der Imame. «Schiiten akzeptieren den Weg nicht, den die Geschichte genommen hat», sagt er ausdrücklich, und: «Der heutige Islam [1972] ist ein krimineller Islam im Gewand der ‹Tradition›, der wahre Islam ist der verborgene Islam, gekleidet in das rote Gewand des Martyriums».

Die Ent-Ritualisierung der 'Âschûrâ-Vorstellungen und die Aufhebung der eschatologischen Mahdi-Erwartung sind die beiden entscheidenden Schritte bei der Umwandlung der traditionellen schiitischen Religion in eine Revolutionsideologie. Âl-e Ahmad und Scharî'atî sind deren geistige Väter; Chomeinîs spätere Herrschaft hat manche ihrer Ideen verwirklicht, wenn der Âyatollâh auch die Ausfälle beider Autoren gegen die traditionelle Geistlichkeit scharf zurückgewiesen hat. Die Revolution hat jedoch einen anderen Verlauf genommen, als Âl-e Ahmad, Scharî'atî und viele ihrer Anhänger ihn sich erträumt haben; vor allem haben sie das Gewicht des Klerus wohl unterschätzt, und so ist denn die Entwicklung rasch über sie hinweggegangen. In der Untergrundbewegung der linken, antiklerikalen «Dschihâd-Kämpfer des Volkes» *(mudschâhidîn-e chalq)* leben die Ideen Scharî'atîs jedoch fort.

Chomeinî und die «Regierung des Experten»

Revolutionen haben keine religiösen Ursachen; sie entstehen aus wirtschaftlichen, sozialen und politischen Krisen. Zu ihrer Analyse bedarf es des methodischen Handwerkszeugs des Soziologen, Politologen und – mit wachsender zeitlicher Distanz – des Historikers. Dies gilt für die iranische Revolution nicht weniger als für alle anderen Revolutionen der letzten zweihundert Jahre. Daß die iranische Revolution sich mit einer religiös gefärbten Ideologie legitimierte, hat viele westliche Beobachter überrascht und hat zu dem weitverbreiteten Fehlurteil geführt, es handele sich um den Versuch einer Rückkehr ins Mittelalter.

Die politische Revolution in Iran hat auch die Schia selber revolutioniert und zu wesentlichen Veränderungen geführt, von denen allerdings noch fraglich ist, ob sie sich auf Dauer durchsetzen werden. Die wichtigste dieser Neuerungen ist das von Chomeinî theoretisch entwickelte und dann in die revolutionäre Praxis umgesetzte Prinzip der «Regierung des Experten» (arabisch: *wilâyat al-faqîh*, persisch: *velâyat-e faqîh*), das zum Grundprinzip der Islamischen Republik Iran erhoben und in deren erster Verfassung verankert wurde.

Rûhollâh Mûsavî Chomeinî wurde 1902 in Chomein (120 km südwestlich von Qom) geboren. Er war ein Nachkomme des siebten Imams Mûsâ al-Kâzim; daher der eigentliche Familienname *Mûsavî*. 1918 wurde er im nahen Arâk Schüler des Âyatollâh Hâ'erî (s. o. S. 91 f.) und folgte diesem 1922 nach Qom, wo er in den 30er Jahren zum Mudschtahid avancierte und Lehrer an der Feiziyye wurde. Als Autor trat Chomeinî erstmals hervor, als er 1943 auf Drängen einiger Teheraner Bâzârîs eine Erwiderung auf Angriffe antiklerikaler Säkularisten schrieb. Das Buch unter dem Titel «Enthüllung der Geheimnisse» *(Kaschf al-asrâr)* stellt die Religion als einzigen Garanten der Unabhängigkeit des Landes und die 'Ulamâ als Bastion gegen den vom Schah betriebenen Ausverkauf iranischer Interessen an ausländische Mächte dar. Chomeinî kritisierte in dieser ersten Schrift den zwei Jahre zuvor gestürzten Rezâ Schah sehr scharf, hoffte aber wohl, dessen jungen Sohn und Nachfolger positiv beeinflussen zu können. Er attackiert hier die Monarchie noch keineswegs so vehement wie später, ja er vertritt sogar den traditionellen schiitischen Standpunkt in der Frage der Mitarbeit der Mollâs an der im Prinzip usurpierten weltlichen Herrschaft: solange der Dienst für den Usurpator im Interesse der Muslime sei, sei er in gewissen Grenzen sogar empfehlenswert; vor allem müßten die ʿUlamâ den Herrscher in der Aufgabe unterstützen, das Land gegen fremde Einflüsse und Angriffe zu verteidigen. Das Buch dreht sich vor allem um die Rolle, die den ʿUlamâ oder islamischen Rechtsexperten (*fuqahâ*, Singular *faqîh*) in einem Staatswesen zukommt. Da sie allein die geoffenbarte Rechtsordnung, die Scharîʿa, kennen, können nur sie entscheiden, welche Handlungen der Regierung rechtmäßig sind. Chomeinî knüpft hier an die Tradition des Artikels 2 des Zusatzes zur iranischen Verfassung von 1907 an (s. o. S. 89), der die Gesetzgebung des Parlaments der Aufsicht eines Gremiums von islamischen Rechtsexperten unterstellt hatte. Von einer direkten Machtübernahme der Mollâs ist hier noch nicht die Rede; sie sind lediglich aufgerufen, den Monarchen und seine Beamten zu kontrollieren. Dabei agieren sie als Kollektiv; ein besonders qualifizierter charismatischer «Führer» ist nicht vorgesehen.

Unter dem Eindruck der Politik Schah Mohammad Rezâ Pahlavîs radikalisierte sich Chomeinîs Position jedoch rasch; er wurde zu einem unerbittlichen Gegner des Monarchen und der Monarchie. Sein Widerstand entzündete sich vor allem an den Reformen, die der Schah unter dem Namen «Weiße Revolution» 1963 durch eine Volksabstimmung bestätigen lassen wollte. Der wichtigste Punkt in diesem Reformprogramm war die Landreform; alle diejenigen, deren Interessen dadurch beeinträchtigt wurden – und dazu gehörten auch nicht wenige Geistliche mitsamt ihrer Klientel –, fanden in Chomeinî einen unbeugsamen Oppositionellen. Die Repression des Schah-Regimes trieb die Studenten von Qom zum Aufstand; am ʿÂschûrâ 1963 (5. Juni) kam es zu Unruhen, die blutig niedergeschlagen wurden. Im Oktober des folgenden Jahres machte Chomeinî offen Front gegen die Absicht des Schahs, den zahlreichen amerikanischen Militärberatern, die er ins Land geholt hatte, den Status von Diplomaten zu geben. Die eigentliche Motivation des Revolutionärs Chomeinî, seine antikolonialistische Haltung, trat nun deutlich zutage, und das Geheimnis seines Erfolges bestand darin, daß seine Ansichten von vielen, vor allem jüngeren Intellektuellen, geteilt wurden und sein kompromißloses Auftreten ihnen imponierte.

Chomeinî hatte es gewagt, den Schah öffentlich als den «Yazîd unserer Zeit» zu bezeichnen – eine für jeden Schiiten verständliche, eindeutige Anspielung: der Kalif Yazîd war der für das Massaker von Kerbelâ verantwortliche Herrscher gewesen. Chomeinî wurde verhaftet und in die Türkei abgeschoben, doch schon im Oktober 1965 ließ er sich beim Schrein von Nadschaf im Irak nieder, wo er erneut einen Schülerkreis um sich sammelte und vor iranischen Pilgern predigte; die Tonbandkassetten mit seinen Reden fanden weite Verbreitung. In Nadschaf entstand Chomeinîs zweite Kampfschrift, «Die islamische Regierung» (arabisch *al-Hukûma al-islâmiyya*, persisch: *Hokûmat-e eslâmî*), hervorgegangen aus der Mitschrift einer Vorlesung, die er im Januar und Februar 1970 in seinem Zirkel gehalten hatte. Läßt man die zahlreichen Koranverse und Zitate von Aussprüchen des Propheten und der Imame weg, so liest der Traktat sich als antikolonialistische Kampfschrift. Chomeinîs antikolonialistischer Furor war – wie der der meisten Geistlichen seiner Generation – vor allem antibritisch, geprägt von der Erfahrung der britischen Politik in Iran und im Irak vor dem Zweiten Weltkrieg, aber er ließ sich nach dem Krieg mühelos auf die Amerikaner übertragen, die nun am Golf als die Wächter westlicher Interessen auftraten. Der ganze Traktat zeigt, daß Chomeinî mit der quietistischen, auf den Jüngsten Tag und das Jenseits gerichteten Schia aufräumen will: das gottergebene Warten auf die Wiederkehr des Verborgenen Imams soll ersetzt werden durch die revolutionäre Tat. Die Monarchie wird nun zum anti-islamischen, ja widergöttlichen Prinzip erklärt, nicht nur das Regime der Pahlavî, sondern die Monarchie schlechthin. So wird denn auch der Kampf al-Husains bei Kerbelâ als Kampf gegen das unislamische Prinzip der Monarchie gedeutet: der Imam hätte dem umayyadischen Kalifen huldigen und damit die regierende

Dynastie anerkennen können, doch er schloß keinerlei Kompromisse mit dem Monarchen, sondern zog es vor, sich im Kampf zu opfern – als Vorbild für spätere Generationen. Das tatenlose Warten auf die Wiederkunft des Zwölften Imams führt notwendigerweise ins Chaos; sein Reich der Gerechtigkeit muß daher vorweggenommen werden durch die stellvertretende «Regierung des Experten» (arabisch *wilâyat al-faqîh*, persisch *velâyat-e faqîh*), d. h. des qualifizierten Kenners der göttlichen Offenbarung und des göttlichen Willens. Bisher hatten die Gelehrten *(al-ʿulamâ)* oder Experten (*al-fuqahâ*, Plural zu *al-faqîh*) – beide Begriffe sind synonym und austauschbar – allenfalls die Kontrolle über die Maßnahmen der Regierung beansprucht, sie wollten dem weltlichen Arm lediglich auf die Finger sehen. *Wilâya* aber bedeutet «Ausübung von Herrschaft»; das von Chomeinî neu formulierte Prinzip meinte die direkte Ausübung der Herrschaft durch die Geistlichen, falls denn keine andere islamische Regierung zur Hand sei. Mit diesem neuen Prinzip hat Chomeinî nicht nur den iranischen Staat, sondern auch die traditionelle Schia revolutioniert.

Der revolutionäre Führer

Die Figur des charismatischen, quasi unfehlbaren Führers gehört zum Bild der Revolution im 20. Jahrhundert, von Lenin über den *Großen Steuermann* Mao bis zum *Máximo Líder* Fidel Castro. So hatte auch die herausgehobene Position des Âyatollâh Chomeinî weniger mit der religiösen Tradition der Schiiten zu tun als mit seiner Rolle als Revolutionär. Allerdings kamen ihm Tendenzen zugute, die schon seit dem vorigen Jahrhundert auf die Ausbildung einer Spitze der Hierarchie des schiitischen Klerus hinausliefen. Die zeitweilige Anerkennung eines einzelnen Groß-Âyatollâhs als allgemein anerkannte «Instanz der Nachahmung» *(mardschaʿ at-taqlîd)* konnte nun im Dienste der Revolution institutionalisiert werden. Die Formen, in denen dies geschah, waren jedoch ebenso neuartig wie die absolute Autorität, die der Revolutionsführer für sich reklamieren konnte.

Chomeinîs Prestige als unbeugsamer Gegner des Schahs wurde von der sehr breiten Opposition, die von der Linken über die bürgerlichen Liberalen und religiös geprägte Laien bis hin zu den verschiedenen gemäßigten und radikalen Gruppen der Geistlichkeit reichte, weithin anerkannt. Die Revolution begann, als der liberale Politiker Schâhpûr Bachtiyâr, ein Angehöriger der von Mosaddeq begründeten *Nationalen Front*, im Sommer 1977 die Wiederherstellung der iranischen Verfassung von 1906/07 forderte. In Qom und anderswo gingen die Theologiestudenten auf die Straße, und als am 8. September 1978 das Militär in eine Massendemonstration schoß und es Hunderte von Toten gab, war der gewaltsame Umsturz nicht mehr aufzuhalten. Chomeinî, der von seinem Exil in Nadschaf aus die Ereignisse verfolgte und zu steuern versuchte, wurde einen Monat später auf Betreiben des Schahs ausgewiesen und ließ sich im französischen Neauphle-le-Château (30 km westlich von Paris) nieder, wo er nun offen die Abschaffung der Monarchie und die Errichtung einer Islamischen Republik auf dem Prinzip der «Regierung des Experten» forderte. Eine Massendemonstration im Anschluß an die ʿÂschûrâ-Prozessionen am 12. Dezember 1978 machte sich diese Forderung zu eigen; am 16. Januar 1979 verließ der Schah das Land, nachdem er den bürgerlichen Oppositionspolitiker Bachtiyâr mit der Regierung beauftragt hatte. Aber die Revolution ging schnell über diesen hinweg. Chomeinî landete am 1. Februar in Teheran, und der Ingenieur Mahdî Bâzârgân, ein streng religiöser Laie, bildete eine provisorische Revolutionsregierung. Bachtiyâr gab auf und verließ das Land. Schon einen Monat nach seiner Ankunft ließ sich Chomeinî in Qom nieder.

In der Verfassung der Islamischen Republik, die am 2. und 3. Dezember 1979 durch eine Volksabstimmung angenommen wurde, wird die Souveränität nicht dem Volk, sondern Gott allein zugeschrieben (Art. 56); der Verborgene Imam ist der einzig rechtmäßige Stellvertreter Gottes auf Erden. «Während der Abwesenheit des verborgenen zwölften Imams – möge Gott seine Wiederkehr beschleunigen! – liegen die Regierungsgewalt und die Leitung der Gemeinde *(imamat al-umma)* bei dem gerechten, frommen, auf der Höhe der Zeit stehenden, kühnen, zur Leitung und Lenkung befähigten Experten *(faqîh)*, den die Mehrheit der Bevölkerung zur Führung *(rahbarî)* beruft und bestätigt» (Art. 5). Art. 107 nannte «den großen Âyatollâh Chomeinî» namentlich als den derzeitigen Führer *(rahbar)*. «Falls kein islamischer Rechtsgelehrter eine solche Mehrheit findet, übernimmt ein Führungsrat *(schûrâ-ye rahbarî)* islamischer Rechtsgelehrter, welche die obigen Voraussetzungen erfüllen, gemäß Art. 107 die Führung» (Art. 5). Neben dem Führer bzw. Führungsrat hat ein Wächterrat *(schûrâ-ye negahbân)* aus sechs geistlichen Rechtsgelehrten und sechs weltlichen Juristen die Aufgabe, darüber zu wachen, daß alle vom Parlament *(madschles)* verabschiedeten Gesetze mit der geoffenbarten gottgewollten Lebensordnung übereinstimmen (Art. 4); dies ist eine Neufassung des Artikels 2 des Verfassungszusatzes von 1907. Die offizielle Religion der Islamischen Republik Iran ist der Islam nach dem zwölfer-schiitischen (dscha'faritischen) Bekenntnis; die vier sunnitischen «Schulen» werden ohne Einschränkung anerkannt (Art. 12). «Iranische Bürger des zoroastrischen, jüdischen und christlichen Glaubens sind als offizielle religiöse Minderheiten anerkannt» (Art. 13); dies sind die traditionellen «Schutzbefohlenen» *(dhimmî)* des klassischen islamischen Rechts, die den vollen Schutz der Scharî'a genießen. Nicht genannt sind die aus der Schia selbst erwachsenen Religionsgemeinschaften der Scheichî, Bâbî und Bahâ'î, die als Apostaten gelten und daher Verfolgungen ausgesetzt sind.

Der Verlauf der Revolution kann hier nicht im einzelnen dargestellt werden. Es gelang jedenfalls Chomeinî und seinen engsten Anhängern, die anderen Flügel der weitgespannten Oppositionsfront einen nach dem anderen auszuschalten; der erste Ministerpräsident Bâzârgân wie auch der erste Staatspräsident Banî Sadr – beides Laien aus dem religiösen Lager – wurden entmachtet und gestürzt; der Krieg gegen den Irak (1981–1988) festigte Chomeinîs Position.

Das Amt des Führers *(rahbar)* hat in der traditionellen Schia kein Vorbild; es ist eine revolutionäre Neuerung. Durch die Volksabstimmung über die Verfassung – auch dies ist neu – ließ sich Chomeinî eine Art plebiszitäres *de facto-Imamat* bestätigen; Artikel 5 spricht ja ausdrücklich vom «Imamat der Umma», das dem Führer stellvertretend für den Verborgenen Imam zufällt. Auch wenn er selber sich nie als Imam bezeichnet hat, spielte er doch die Rolle einer Art Imam Nr. 11 b. Seine Anhänger hoben seine Direktiven, durch die er eher informell auf das politische Geschehen Einfluß nahm, in den Rang der Quasi-Unfehlbarkeit; daß diese Machtsprüche mit einem traditionellen Begriff als «Gutachten» *(fatwâ)* bezeichnet werden, darf nicht darüber hinwegtäuschen, daß es sich auch hier um etwas qualitativ Anderes, Neues handelt. Die traditionelle *fatwâ* ist lediglich die private Lehrmeinung eines Rechtsexperten, der ein anderer Experte ohne weiteres widersprechen kann; auch ist keiner der Gläubigen verpflichtet, sich an eine bestimmte *fatwâ* zu halten. Solche Unverbindlichkeit haben die Direktiven des Führers nicht; sie sind gewissermaßen *ex cathedra* erlassen und beanspruchen absoluten Gehorsam. Mit diesem Anspruch erließ Chomeinî auch am 14. Februar 1989 seinen Aufruf zur Ermordung des britischen Schriftsteller Salman Rushdie, des Autors der *Satanischen Verse*, von dem sich die Teheraner politische Führung indes später distanzierte.

Chomeinîs revolutionäre Anhänger haben seine Quasi-Unfehlbarkeit nach seinem Tod am 3. Juni 1989 noch entschiedener betont. Seine beinahe imamgleiche Stellung manifestiert sich besonders in seinem Mausoleum südlich von Teheran, das mit goldbronzierter Metallkuppel und stählernen Minaretten eine offenkundige Kopie des Schreins al-Husains in Kerbelâ – in größeren Dimensionen – ist.

Idschtihâd am Beispiel der Geburtenkontrolle

In der Theorie ist auch die Stellung des Revolutionsführers keine andere als die des traditionellen Mudschtahid: er fällt Entscheidungen aufgrund eigener Denkanstrengung *(idschtihâd)* nach bestem Wissen und Gewissen. Wie das im Einzelfall funktioniert, läßt sich am Beispiel der Geburtenkontrolle demonstrieren. Das rapide Bevölkerungswachstum stellt Iran wie viele andere Länder der islamischen Welt vor schwierige Probleme.

Hatte das Land 1963 noch 22 Millionen Einwohner, so waren es 1979 bereits 34 Millionen. In den Jahren 1980–1990 lag die Rate des Bevölkerungswachstums bei 3,6 %; die Bevölkerung wuchs also jährlich um über eine Million. 1990 hatte Iran bereits 57 Millionen Einwohner, 2003 waren es 66,6 Millionen.

Wie in allen anderen islamischen Ländern gilt Kinderreichtum traditionell als göttlicher Segen; die reservierte Einstellung gegenüber künstlicher Geburtenregelung teilten die meisten schiitischen ʿUlamâ mit dem Gros der Bevölkerung. Die demographischen Probleme veranlaßten den ersten Gesundheitsminister der Islamischen Republik Iran bereits im Revolutionsjahr 1979, dem *rahbar* Chomeinî die Frage der Zulässigkeit von Kontrazeptiven vorzulegen. Chomeinî entschied formal wie ein klassischer Mudschtahid; das Ergebnis seines Idschtihâd wurde in den iranischen Medien verbreitet und später mehrfach wiederholt. Zugleich bemühte sich die Presse um die Darlegung des Prinzips, aufgrund dessen die Entscheidung zustande gekommen war. Chomeinî urteilte, daß «die Benutzung von Verhütungsmitteln religiös zulässig sei unter der Voraussetzung, daß sie für die Frauen nicht gesundheitsschädlich ist und daß die Anwendung mit Zustimmung des Ehemannes erfolgt. Wenn also iranische Paare kleinere Familien haben wollen, so steht ihnen dies frei. Es ist zu beachten, daß es im ganzen Heiligen Koran keinerlei Vorschrift gibt, die die Familienplanung oder die Anwendung von Kontrazeptiven verbietet. Im Gegenteil, es gibt eine ganze Reihe von Versen, die zwar nicht direkt mit Familienplanung zu tun haben und die dem Propheten Mohammed in anderem Zusammenhang geoffenbart wurden, die sich aber auf Familienplanung beziehen lassen. In diesem Zusammenhang sagt Vers 233 der Sure *Die Kuh* (Sure 2) des Heiligen Koran: ‹Und die Mütter sollen ihre Kinder zwei volle Jahre stillen, soweit sie das Stillen ganz zu Ende führen wollen. Und der Vater ist verpflichtet, ihren Unterhalt und ihre Kleidung in angemessener Weise zu bestreiten. Von niemand wird mehr verlangt, als er zu leisten vermag. Eine Mutter soll nicht wegen ihres Kindes in Bedrängnis geraten, und ein Vater nicht wegen des seinen›. Die strikte Anwendung der Weisung in dem zitierten

Koranvers hinsichtlich des Stillens über zwei volle Jahre ist schon an sich eine Art Empfängnisverhütung und verringert die Möglichkeit einer baldigen neuen Schwangerschaft. Daher wird die Befolgung der genannten Empfehlungen zu einem Rückgang der Fruchtbarkeit und zu größerem Abstand zwischen den Geburten führen. Andere islamische Gelehrte legen den zitierten Koranvers noch weitergehend aus. Sie meinen, daß die Vorschrift ‹Eine Mutter soll nicht wegen ihres Kindes in Bedrängnis geraten, und ein Vater nicht wegen des seinen› ein weiterer Beleg für die Zulässigkeit der Familienplanung ist. Auf der Grundlage der Sure *Die Kuh* sagen manche Gelehrte, die Schwangerschaft einer Frau sei einerseits nur zulässig, wenn sie dazu physisch geeignet sei, und zweitens dürfe das Kind die Mutter nicht an einem anständigen Leben hindern. Weiterhin soll der Vater über die nötigen Mittel verfügen, um den Unterhalt des Kindes zu sichern. So kann man sagen, daß das grundsätzliche Ja des Islam zu mehr Kindern nicht für alle Zeiten gilt; es kann den mentalen, physischen und wirtschaftlichen Bedingungen der Eltern unterworfen werden. Die Anwendung verschiedener Verhütungsmethoden ist von muslimischen Juristen, Wissenschaftlern und Gelehrten diskutiert worden, die im allgemeinen darin übereinstimmen, daß alle Methoden, die der Frau nicht schaden, zulässig sind.»

Dieses Beispiel eines klassischen Idschtihâd zeigt, wie flexibel und anpassungsfähig das schiitische Recht im Prinzip ist. Die erste Fatwâ von Chomeinîs Nachfolger Châmene'î z. B. erklärte die Transplantation von Organen Hirntoter für zulässig. Die Methode des Idschtihâd muß also durchaus nicht zur Zementierung konservativer oder reaktionärer Positionen führen. Sie könnte auch als Instrument des Wandels dienen; es kommt nur darauf an, wer dieses Instrument in welchem Geiste handhabt.

Der Nachfolger des *Rahbar*

Chomeinîs Herrschaft war absolut und unumschränkt gewesen; sein Wort war das Gesetz. Der damalige Präsident Châmene'î, sein späterer Nachfolger, hatte Anlaß, Kritikern entgegenzuhalten: «Daß der Faqîh im eigenen Interesse handele und ein Diktator sei, ist eine irreführende Interpretation. Wer im Auftrag Gottes handelt, ist kein Diktator».

Anders als andere absolute Machthaber in ähnlicher Position nahm Âyatollâh Chomeinî die Regelung seiner Nachfolge schon frühzeitig selbst in die Hand. Chomeinî selbst war durch die Volksabstimmung über die Verfassung von 1979 als Führer weniger gewählt als bestätigt worden. Für die Wahl eines Nachfolgers hatte die Verfassung in den Artikeln 107 und 108 eine Expertenversammlung vorgesehen, deren Zusammensetzung ein Gesetz regeln sollte. Diese Expertenversammlung von 61 (später 74) Mudschtahids, die für acht Jahre gewählt waren, designierte bereits 1985 einen ehemaligen Studenten Chomeinîs als künftigen Rahbar, den Âyatollâh Husain ʿAlî Montazerî. Da dieser jedoch offenbar Chomeinîs harten Kurs nicht voll unterstützte, wurde er im März 1989 fallengelassen und trat zurück. Ein neuer Nachfolger wurde nicht designiert, doch setzte Chomeinî schon einen Monat später eine Kommission ein, die die Verfassung einer Revision unterziehen sollte. Die revidierte Verfassung trat jedoch erst nach Chomeinîs Tod (am 3. Juni) in Kraft.

Die wesentlichsten Änderungen der neuen Verfassung betrafen die Position des Staatspräsidenten und des Rahbar. Das Amt des Ministerpräsidenten wurde abgeschafft; der Staatspräsident übernahm die Leitung der Regierung und erhielt dadurch eine deutlich verstärkte Machtposition. Wichtiger noch waren die Modifikationen, die die Rolle des obersten Revolutionsführers betrafen. Bâzârgân, der erste revolutionäre Regierungschef Irans, hat das Prinzip der «Regierung des Experten» *(velâyat-e faqîh)* einmal als ein Gewand bezeichnet, das nur für Chomeinî geschneidert sei. Chomeinî hat das offenbar selbst so gesehen; in seinem letzten Lebensjahr war er bemüht, die Qualifikation des künftigen Rahbar neu zu definieren. Er selbst hatte die politische Führung mit der religiösen Autorität einer «Instanz der Nachahmung» *(mardschaʿ at-taqlîd)* verbunden; in der alten Verfassung hatte das in der Formulierung «[religiöse] Autorität und Führerqualität» *(mardschaʿiyyat va rahbarî)* seinen Niederschlag gefunden (Art. 105). Es war problematisch, diese ganz auf die Person Chomeinîs zugeschnittene Kombination auch künftig zur Bedingung für das Amt des Revolutionsführers zu machen. Die Autorität eines Mardscha' erlangt man in der Regel erst in hohem Alter; die meisten Mardscha's sind über achtzig oder neunzig. Zudem waren die meisten von ihnen apolitische Gelehrte, und nicht wenige standen dem revolutionären Kurs Chomeinîs reserviert, wenn nicht ablehnend gegenüber. Chomeinî selbst plädierte daher für eine künftige Trennung von religiöser Autorität *(mardscha'iyyat)* und revolutionärem Führeramt *(rahbarî)*; in einem Schreiben an die Mitglieder der Kommission zur Revision der Verfassung teilte er mit: «Ich meinte von Anfang an und beharrte darauf, daß *mardscha'iyyat* keine notwendige Qualifikation für das Führeramt sein dürfe ... Ich wußte schon damals [bei der Ausarbeitung der ersten Verfassung; H. H.], daß dieser Anspruch nicht zu erfüllen war. Es reicht völlig aus, einen gerechten Mudschtahid [als Führer] zu haben, der von der Expertenversammlung bestimmt wird ... und dessen Entscheidungen bindend sind.»

In der Kommission gab es Einwände gegen Chomeinîs Direktive; es war bedenklich, daß die religiöse Autorität wieder an mehrere Mardscha's fallen sollte, deren informelle Autorität auf der spontanen Anerkennung durch ihre Klientel beruht und daher von der Regierung kaum zu beeinflussen und zu kontrollieren ist. Und bedenklicher noch: war der Rahbar nur ein einfacher Mudschtahid, so konnte jeder Mardscha' seine Direktiven durch eine Fatwâ konterkarieren; ein Mardscha' konnte leicht zum Sprachrohr – oder gar zur Marionette – von Oppositionsgruppen werden. Aber Chomeinî setzte sich durch; für die revidierte Verfassung wurde vorgesehen, daß der Rahbar nicht unbedingt den Rang eines Mardscha' haben müsse. Auch die Wahl des Führers durch das iranische Volk kam in der neuen Verfassung nicht mehr vor.

Die Frage der Nachfolge wurde akut, noch ehe die Verfassungsrevision zu Ende geführt war. Chomeinî starb am 3. Juni 1989. Schon am folgenden Tag trat die Expertenversammlung zusammen und wählte mit 60 gegen 14 Stimmen den bisherigen Parlamentspräsidenten, den Sayyid 'Alî Châmene'î (geb. 1940), zum provisorischen Rahbar; nach dem Inkrafttreten der revidierten Verfassung wurde er im Amt bestätigt. Châmene'î war ein Mudschtahid, aber er trug nur den Titel eines *huddschat al-islâm* (s. o. S. 94), war also noch nicht einmal Âyatollâh. Um seine Autorität zu stärken, erklärten der Sprecher des Parlaments, die Mitglieder der Expertenversammlung wie auch der Teheraner Freitagsprediger Imâmî Kâschânî, es sei religiöse Pflicht, dem neuen Rahbar unbedingt zu gehorchen. Am selben Tag, an dem Châmene'î zum Rahbar gewählt wurde, proklamierte man den über neunzigjährigen Âyatollâh Arâkî zum neuen Mardscha'; die in Chomeinîs Person vereinigte politische und geistliche Autorität wurde damit auf zwei Personen verteilt. In seiner ersten Fatwâ erklärte der neue Mardscha', die Nachahmung *(taqlîd)* auch eines toten Mudschtahid sei durchaus zulässig. Damit war der alte Grundsatz «Tote haben nichts zu sagen» *(lâ qaula lil-mayyit)* zugunsten Chomeinîs außer Kraft gesetzt; die Autorität des Revolutionsführers konnte so über seinen Tod hinaus in Anspruch genommen und gegen jeden möglichen oppositionellen Idschtihâd ausgespielt werden – auch dies eine revolutionäre Neuerung.

Diese komplizierten Regelungen, die in wenigen Tagen hastig vorgenommen wurden, zeigen, wie prekär die Situation in der Übergangsphase vom alten auf den neuen Führer war, doch gelang es dem Präsidenten Rafsandschânî und dem Rahbar Châmene'î, ihre Macht zu stabilisieren und gemeinsam auszubauen. Ungeklärt ist das Verhältnis zwischen den Direktiven des neuen und des alten Rahbar: Kann der neue die Entscheidungen des alten außer Kraft setzen? Chomeinîs engste Anhänger versuchen nach Kräften, die Autorität des toten Rahbar zu zementieren und jede Abweichung von seinem Kurs zu verhindern. Im Fall Rushdie hat Châmene'î die Fatwâ bestätigen müssen, obwohl er noch zu Lebzeiten Chomeinîs für eine versöhnliche Lösung eingetreten war. In einigen Fällen haben die Fatwâs des neuen Rahbar eindeutige Modifikationen gebracht, wenn auch vorsichtig und in eher marginalen Fragen. So wurde z. B. Chomeinîs striktes Verdikt gegen jede Art von Musik im Mai 1992 weitgehend zurückgenommen, das Verbot von Herstellung, Genuß und Export von Kaviar sogar ausdrücklich widerrufen.

Die Kaviar-Fatwâ zeigt noch einmal, wie Idschtihâd funktioniert. Chomeinî hatte nicht nur den Kaviar, einen bedeutenden Exportartikel Irans, und seinen «Produzenten», den Stör, sondern auch den Schwertfisch, der an der Golfküste ein Volksnahrungsmittel ist, für *harâm* (verboten) erklärt, da beide «Fische ohne Schuppen» seien. Fisch ohne Schuppen aber unterliegt bei den Schiiten seit alters einem Speisetabu, ähnlich dem Schweinefleisch. Da Stör und Schwertfisch eine Haut haben, untersagte Chomeinî ihren Genuß – aus rein religiösen Gründen; die Beluga-Fangflotten im Kaspischen Meer wurden stillgelegt, die Kaviar-Fabriken geschlossen. Nach Chomeinîs Tod jedoch machte die Forschung unerwartete Fortschritte; die iranische Presse meldete alsbald, Fachleute der Nationalen Fischerei-Organisation hätten sowohl am Stör als auch am Schwertfisch «Schuppen mikroskopischer Größenordnung» entdeckt. Damit war der Weg für eine neue Fatwâ frei.

Châmene'î ist gewissermaßen erst qua Amt in den Rang eines Âyatollâh aufgestiegen. Die Frage der religiösen Autorität des Revolutionsführers war damit jedoch noch keineswegs entschieden; sie stellte sich erneut, als die beiden höchsten Âyatollâhs in Iran, Golpâyegânî (1899–1993) und Arâkî (1898–1994), starben. Die Anhänger Châmene'îs versuchten daraufhin, in einer Reihe von Predigten und öffentlichen Erklärungen den *Rahbar* als höchste religiöse Instanz zu lancieren, doch Proteste aus dem Libanon und dem Irak, aus Bahrain sowie aus Iran selbst zwangen den Revolutionsführer zum Rückzug und nötigten ihn im Dezember 1994 zu der Erklärung, dass er die *mardscha'iyyat* nicht anstrebe. Die höchste religiöse Autorität der Schiiten bleibt damit dezentral; sie verteilt sich auf mehrere Personen.

Im Mai 1997 ging überraschend der als gemäßigt geltende *Huddschat al-Islâm* Sayyid Mohammad Châtamî als Sieger aus den Präsidentschaftswahlen hervor, der sich indes als Gegenspieler des mächtigen *Rahbar* nicht durchsetzen konnte; seine im Februar/Mai 2000 gewonnene Parlamentsmehrheit ging in den Wahlen 2005 wieder verloren. Sein Nachfolger Mahmûd Ahmadînežâd (2005–2013), ein getreuer Gefolgsmann Chomeinîs, steuerte wieder einen radikaleren Kurs. Der strenggläubige Präsident geriet wegen seiner eschatologischen Äußerungen mit dem Revolutionsführer Chamene'î in Konflikt: Er glaubte an die nahe bevorstehende Wiederkunft des Zwölften Imams und ließ die Moschee von Dschamkarân bei Qom mit ihrem Brunnen, in dem der Zwölfte Imam sich verborgen haben soll, aufwendig zu einem neuen religiösen Zentrum ausbauen. Aber auch Machtinteressen waren im Spiel. Ahmadînežâd unterlag und mußte auf eine weitere Amtszeit verzichten. Der als gemäßigt geltende neue Präsident Hasan Rôhânî hatte die Zustimmung des Revolutionsführers, der indessen weiterhin die Außenpolitik kontrolliert. Diese dient zunehmend dem Ausbau der Führungsrolle, die Iran im Nahen Osten in Rivalität zum sunnitischen Saudi-Arabien anstrebt. Iran unterstützt daher diplomatisch, mit Geld, Waffen und Kämpfern verschiedene Konfliktparteien, vor allem solche schiitischen Bekenntnisses wie die irakische Regierung, in ihrem Kampf gegen die Terrormiliz des «Islamischen Staats» (IS), aber auch solche, die anderen schiitischen Gruppen als der mehrheitlichen Zwölfer-Schia (Imâmiyya) angehören, wie das alawitische Asad-Regime in Syrien oder die zaiditischen Hûthî-Rebellen im Jemen (s. u. S. 115).

V. Schiiten außerhalb Irans

Aserbeidschan

In der Republik Aserbeidschan – der ehemaligen Sowjetrepublik – leben mehr als 8 Millionen Schiiten (85 % der Bevölkerung), von denen aber ein großer Teil nicht religiös aktiv sein soll; in der südlich angrenzenden iranischen Provinz Aserbeidschan schätzt man etwa 7 Millionen Âzerîs. Die Âzerîs sind zwar Schiiten, aber keine Perser, sie sind Türken; ihre Sprache ist mit dem Türkeitürkischen eng verwandt. Als der Zerfall der Sowjetunion einsetzte, hat man auch hier einen engen Anschluß der Republik Aserbeidschan an den schiitischen Iran erwartet; voreilige Kommentatoren sahen die Grenze am Fluß Aras bereits von der Landkarte getilgt. Aber ein paar Poster mit dem Porträt Chomeinîs machten noch keine islamische Revolution. Aserbeidschan orientierte sich am Nachbarland Türkei, wo daraufhin pantürkische Phantasien wiederauflebten. In Aserbeidschan selber wagte sich ein Nationalismus hervor, der von einem Groß-Aserbeidschan – unter Einschluß der iranischen Nordwestprovinz – träumt; es ist jedoch klar, dass, wer immer in Teheran regiert, einen solchen zweiten großen Türkenstaat an der Nordflanke Irans niemals dulden würde. Die politische Führung des Erdöllandes Aserbeidschan laviert geschickt zwischen Rußland und dem Westen. Dabei dominieren hier wirtschaftliche und politische Interessen; die Religion spielt keine besondere Rolle.

Der Libanon

Der Südlibanon ist seit der frühislamischen Zeit ein von Schiiten bewohntes Gebiet; die Stadt Nabatiyye ist bekannt für ihre spektakulären ʿÂschûrâ-Feiern mit Umzügen und blutigen Selbstgeißelungen. Allerdings waren die Schiiten in dem ungeschriebenen Proporzsystem, mit dem sich die verschiedenen christlichen und muslimischen Bevölkerungsgruppen des Libanon seit der Unabhängigkeit 1943 die Macht teilten, unterrepräsentiert. Erst im Bürgerkrieg (1975–1990), der die alten Herrschaftsstrukturen zum Einsturz brachte, konnten die Schiiten, inzwischen mit 1,7 Millionen oder 40 % zur größten Gruppe im Land angewachsen, ihr Gewicht in die Waagschale werfen. Es war ein iranischer Geistlicher arabisch-libanesischer Abstammung, Sayyid Mûsâ as-Sadr, 1928 im iranischen Qom (Ghom) als Sohn eines Mudschtahid geboren, der 1951 die geistliche Leitung der Schiiten im Süden des Landes übernahm und seine Gemeinde zu einer der führenden Kräfte im Lande machte; der Gründer der politisch-militärischen Schiitenorganisation *Amal* (Hoffnung) verschwand allerdings 1978 bei einem Flug nach Italien während einer Zwischenlandung im libyschen Tripolis spurlos. Die andere libanesische Schiiten-Organisation, die militante *Hizbollâh* (Partei Gottes), die sich im Gegensatz zu *Amal* zunächst eng an Iran anlehnte, war 1982 – nach der israelischen Intervention im Libanon – vom damaligen iranischen Botschafter in Syrien und späteren Innenminister Irans, Hâschemî Mohtaschemî, gegründet worden; sie verfolgte einen den Ideen Chomeinîs verpflichteten Kurs: Kampf gegen Israel und Export der islamischen Revolution. Auch sie wird politisch von Geistlichen geführt: ihr erster Generalsekretär Scheich ʿAbbâs al-Mûsawî fiel 1992 mit seiner Frau einem israelischen Anschlag zum Opfer; ihm folgte Scheich Hasan Nasrallâh (geb. 1955), der in Qom studiert hat. Geistliches Oberhaupt der Hizbollâh war der Beiruter Âyatollâh Sayyid Muhammad Husain Fadlallâh, der 1934 in an-Nadschaf als Sohn eines libanesischen Mudschtahid geboren wurde und 2010 in Beirut starb.

Auf das Konto der Hizbollâh ging der verheerende Anschlag mit sprengstoffgefüllten Lastwagen auf das US-Hauptquartier in Beirut 1983, bei dem 241 amerikanische Soldaten ums Leben kamen – der erste große Selbstmordanschlag im Nahen Osten. Anfangs war die ideologische und finanzielle Abhängigkeit der Hizbollâh vom iranischen Revolutionsregime sehr groß, doch allmählich setzte ein Wandel ein. Seit dem Ende des libanesischen Bürgerkrieges 1990 gelang es der Organisation, sich als patriotische libanesische Partei zu etablieren; 1992 war sie erstmals mit acht Abgeordneten im Parlament von Beirut vertreten und nimmt seitdem regelmäßig an den Parlamentswahlen teil. Dem Kampf gegen den Staat Israel hat die «Partei Gottes» aber nicht abgeschworen. Im syrischen Bürgerkrieg kämpft die Hizbollâh auf Seiten der Regierungstruppen des Asad-Regimes.

Der Jemen

Der Bürgerkrieg im Jemen hat eine kleine schiitische Gemeinschaft in den Blickpunkt gerückt, die bisher kaum bekannt war: die sogenannten Hûthî-Rebellen, die Anfang 2015 die Hauptstadt Sanʿâ eroberten und die Regierung vertrieben. Bei den nach dem radikalen Prediger al-Hûthî (ein Stammesname) benannten Rebellen handelt es sich um zaiditische Schiiten, Angehörige einer kleinen Religionsgemeinschaft, die sich nur im Norden des Jemen um die Stadt Sa'da erhalten hat. Sie ist nach ihrem ersten Imam Zaid benannt, einem Sohn des 4. Imams der «Zwölfer» (Stammbaum auf der vorderen Einbandinnenseite), der 740 nach einem Aufstand im Irak den Tod gefunden hat. Die Zaiditen haben keine festgelegte Imam-Reihe; nach ihrer Lehre kann jeder Nachkomme 'Alîs Anspruch auf das Imamat erheben, sofern er sich politisch und militärisch durchzusetzen vermag. Tatsächlich gehörten die Imame der Zaiditen, die sich 897 im Nordjemen festsetzen konnten, über mehr als tausend Jahre mehreren miteinander versippten Familien an. Seit 1918 trug der Imam offiziell den Titel «König des Jemen». Durch einen Militärputsch im September 1962 wurde die Monarchie gestürzt und die Republik errichtet; die Zaiditen, etwa 30–45 % der Bevölkerung, wurden entmachtet. Mit der Hûthî-Rebellion begann ihr Versuch, die über tausend Jahre ausgeübte Herrschaft zurückzugewinnen, unterstützt vom glaubensverwandten Iran, der hier seinen Einfluss auf der Arabischen Halbinsel auf Kosten Saudi-Arabiens auszuweiten versucht.

Indien und Pakistan

Von den 1,2 Milliarden Indern sind etwa 13 % – also über 160 Millionen – Muslime; sie sind Sunniten, Zwölfer-Schiiten oder Ismailiten (Hodschas und Bohras). Genaue Zahlen über die Stärke der einzelnen Gruppen sind kaum zu gewinnen, zumal die Grenzen fließend sind, da auch die Sunniten mancherorts an den Muharram- und 'Âschûrâ-Riten teilnehmen. Nach der Schätzung von Experten stellen die Zwölfer-Schiiten etwa 10–15 % der indischen Muslime; das wären etwa 16–24 Millionen; eine Zahl von 20 Millionen erscheint realistisch. Zwei größere Gebiete mit starker zwölfer-schiitischer Bevölkerung zeichnen sich ab: das ehemalige Königreich Awadh (Oudh) mit der Hauptstadt Lakhnaw (Lucknow) im Bundesstaat Uttar Pradesh zwischen Ganges und Himalaya und der Dekkan mit dem Zentrum Haiderabad. Das Königreich Awadh wurde seit 1722 von einer schiitischen Dynastie regiert, die die Schreine im Irak mit reichen Stiftungen bedachte; davon zeugt noch heute der «Indische (*Hindiyya-*)Kanal», der Nadschaf mit Wasser aus dem Euphrat versorgt. Nachdem die Briten 1856 dem Königreich ein Ende gemacht hatten, begann der Geldstrom aus Indien in den Irak jedoch zu versiegen. In Haiderabad genoß der irakische Groß-Âyatollâh Chû'î hohes Ansehen; sein Sohn (2003 in Nadschaf ermordet) pflegte dort den «Fünft» *(chums)* für seinen Vater einzusammeln.

Auch in Pakistan ist die Abgrenzung der muslimischen Gruppen äußerst schwierig; die Schätzungen des Anteils der Schiiten schwanken zwischen 10 und 20 % der Bevölkerung von 183 Millionen. Nach der Gründung des islamischen Staates 1947 flüchteten zahlreiche schiitische Muslime aus Indien in die Region von Lahore im Pandschab und in die Hafenstadt Karatschi, wo der Anteil der Schiiten deshalb am höchsten ist, doch finden sich die Versammlungshäuser *(mâtam-sarây)* für die Muharram-Riten bis weit hinauf nach Baltistan zwischen Himalaya und Karakorum, in den *Northern Areas*, dem pakistanisch besetzten Teil Kaschmirs. Die ʿÂschûrâ-Riten mit blutigen Selbstgeißelungen sind stark von der iranischen Tradition beeinflußt; nach der Islamischen Revolution in Iran konnte der Âyatollâh Chomeinî in Pakistan, vor allem in Karatschi, auf eine starke Anhängerschaft zählen.

Der Irak

Ins Bewußtsein weiterer Kreise der westlichen Öffentlichkeit sind die Schiiten erst dadurch gerückt, daß sie in verschiedenen nahöstlichen Konflikten als Partei oder als Kombattanten auftraten; vor der iranischen Revolution 1979 hat kaum jemand von ihnen Notiz genommen. Das hängt auch damit zusammen, daß die Schiiten außerhalb Irans meist politisch bedeutungslose Minderheiten waren; selbst im Irak, wo sie zahlenmäßig stärker sind als die Sunniten, spielten sie in der Politik des Landes nie eine besondere Rolle.

Die Tatsache, daß die Schiiten in den meisten Ländern zu den unterprivilegierten Bevölkerungsgruppen gehörten, ist denn auch die unmittelbare Ursache dafür, daß sie seit gut zwei Jahrzehnten an den Macht- und Verteilungskämpfen im Nahen Osten in vorderster Front zu finden sind: im Kampf gegen Unterentwicklung, Benachteiligung und Unterdrückung, im Streben nach einem Platz an der Sonne oder nach einem Stück vom Kuchen der Macht. Daß religiös definierte Gruppen als Solidargemeinschaften auftreten, hat in den segmentären Gesellschaften des Orients eine jahrhundertealte Tradition: die religiöse Gruppe ist zugleich die soziale. Die Segmentierung der nahöstlichen Gesellschaften manifestiert sich jedoch nicht immer in religiös definierten Gruppen; die ethnisch-sprachliche Differenzierung spielt eine ebenso wichtige, gelegentlich noch bedeutsamere Rolle. Die Kurden sind überwiegend Sunniten wie ihre Gegner in der Türkei oder im Irak, sprechen aber eine andere Sprache. Im Libanon dagegen gibt es keine ethnische Differenzierung zwischen den Parteien: alle sind Araber. Gelegentlich fallen die ethnische und die religiöse Zugehörigkeit einer Gruppe auch zusammen: die Aserbeidschaner sind türkischsprechende Schiiten (oder schiitische Türken). Das ist aber keineswegs der Regelfall. Die bäuerliche Bevölkerung des Südirak spricht Arabisch wie die sunnitische Bevölkerung des zentralen Irak, aber sie ist schiitisch wie die sprachfremden Iraner. Ihre politische Loyalität wird indes weder durch die ethnische noch durch die religiöse Zugehörigkeit von vornherein determiniert oder für alle Zeiten festgelegt. Als der Irak im September 1980 den Krieg gegen Iran begann, gab es westliche Beobachter, die prognostizierten, die irakischen Schiiten würden aufgrund ihres religiösen Bekenntnisses mit fliegenden Fahnen auf die iranische Seite übergehen. Als dies nicht geschah – obwohl ein großer Teil der irakischen Armee sich aus Schiiten rekrutierte –, zog man zur Erklärung die «ewige Feindschaft» zwischen Arabern und Persern heran. Aber diese zweite Erklärung war ebenso falsch wie die erste. Nach dem Golfkrieg 1991 erhoben sich die Schiiten des Südirak gegen das Regime in Bagdad – Araber gegen Araber – und suchten dabei Rückendeckung in Iran. Die Spekulation aber, Iran werde nun militärisch im Südirak intervenieren, erfüllte sich wiederum nicht; Teheran hatte gute Gründe – politische, wirtschaftliche wie militärische –, sich nicht in einen zweiten Krieg mit dem Irak einzulassen – zur unverhohlenen Enttäuschung mancher schiitischer Führer.

Der Irak ist das Ursprungsland der Schia; Kufa – in der Nähe des heutigen Nadschaf – war ihr ältestes Zentrum; die Grabheiligtümer von sechs der zwölf Imame liegen im Irak. Dennoch waren die Schiiten hier bis ins 19. Jahrhundert eine unbedeutende Minderheit; nur um die Schreine von Nadschaf und Kerbelâ scharten sich einige schiitische Gelehrte mit ihren Familien und Schülern, meist Immigranten aus Iran. Allerdings lebten die Schreine von den Stiftungen von Schiiten in aller Welt; es war schon die Rede vom Hindiyya-Kanal, der Nadschaf mit Wasser versorgt – die Stiftung eines indischen Fürsten und seines Wesirs. Erst als die türkischen Paschas von Bagdad im 19. Jahrhundert begannen, die arabischen Nomaden des Südirak seßhaft zu machen, fanden die schiitischen Gelehrten von Nadschaf und Kerbelâ ein neues Feld für ihre Mission: die sedentarisierten Beduinen wurden eifrige Verehrer der Imame; die Stammesscheichs und neuen Grundbesitzer förderten die Schreine und ihre Schulen, und es entstand die enge, auch durch Lehrer-Schüler-Verhältnisse und Heiraten gestützte Symbiose zwischen der schiitischen Geistlichkeit und den südirakischen ländlichen Notabeln, die bis heute fortdauert und für die künftigen Machtverhältnisse im Irak entscheidend sein könnte.

Nadschaf nimmt unter den schiitischen Zentren des Irak seit eh und je die führende Stellung ein. 1846 wurde Scheich Muhammad al-Nadschafî allgemein als höchster *mardscha' at-taqlîd* anerkannt; nach seinem Tod 1849 folgte ihm sein Schüler Scheich Murtadâ (persisch: *Mortazâ*) al-Ansârî. Nach dessen Tod 1864 konnte sich zunächst kein Nachfolger etablieren, bis sich dann Mîrzâ Muhammad Schîrâzî als *mardscha'* durchsetzen konnte, der durch seine Übersiedelung nach Samarra 1875 diese bis dahin unbedeutende Stätte des Verschwindens des Zwölften Imams aufwertete; Schîrâzî war der Sieger im schon erwähnten Tabakkonflikt (s. o. S. 87 f.).

Durch die Reform der *hauza* (persisch: *houze*) von Qom seit 1924 ging den irakischen Schreinen die geistliche Führung der Schiiten verloren; Iran überflügelte den Irak. Dennoch hatten die irakischen Schiiten auch im 20. Jahrhundert bedeutende geistliche Führer. Es sind vor allem drei große Familien, die die *hauza* von Nadschaf seit Generationen dominieren. Von 1962 bis 1970 stand an ihrer Spitze der Groß-Âyatollâh Sayyid Muhsin al-Hakîm, den Schah Mohammad Rezâ Pahlavî vergeblich gegen seine oppositionelle Geistlichkeit in Qom auszuspielen versuchte; der Iraker ließ sich jedoch nicht politisch instrumentalisieren. Sein Sohn Muhammad Bâqir al-Hakîm mußte vor Saddâm Hussein nach Teheran fliehen, wo er Vorsitzender des von ihm gegründeten «Höchsten Rats für die Islamische Revolution im Irak» (SCIRI, *Supreme Council for the Islamic Revolution in Iraq*) wurde. Ihm traute man nach dem Sturz Saddâm Husseins eine entscheidende Rolle im künftigen Irak zu, doch als er 2003 aus dem Exil nach Nadschaf zurückkehrte, wurde er bei einem Bombenanschlag im Hof des Schreins ʿAlîs getötet.

Die Nachfolge Muhsin al-Hakîms hatte 1970 der Groß-Âyatollâh Abû l-Qâsim al-Chû'î (1899–1992) angetreten, ein weit über die Grenzen des Irak hinaus hochangesehener und verehrter Geistlicher, der – ganz in der quietistischen Tradition des schiitischen Klerus – sich aus den politischen Händeln heraushielt und auch Chomeinîs revolutionärem Kurs kritisch gegenüberstand. Sein Sohn ʿAbd al-Madschîd al-Chû'î sollte nach dem Willen der Amerikaner und Briten dem iranfreundlichen Muhammad Bâqir al-Hakîm entgegenwirken und wurde deshalb nach dem Sturz Saddâms aus seinem Londoner Exil eingeflogen, doch wurde er schon wenige Tage später, am 9. April 2003, im Hof des ʿAlî-Schreines in Nadschaf ermordet.

Neben diesen Familien der beiden letzten irakischen Groß-Âyatollâhs spielte die Familie as-Sadr eine hervorragende Rolle in der Opposition gegen Saddâm Hussein. Muhammad Bâqir as-Sadr (1935–1980) machte sich einen Namen durch seine Bücher *Unsere Philosophie* (1959) – eine Kritik am marxistischen Materialismus – und *Unsere Wirtschaft* (1960), in dem er die Wirtschaftsordnung eines künftigen islamischen Staates entwarf. Im

April 1980 wurde as-Sadr, der das Ba'th-Regime Saddâm Husseins als religiös verwerflich *(harâm)* angeprangert hatte, zusammen mit seiner Schwester Bint al-Hudâ – auch sie eine prominente Autorin – hingerichtet. Als nach dem zweiten Golfkrieg (Kuwait-Krieg) 1991 die USA und ihre Verbündeten Saddâm Hussein zwar zum Rückzug aus Kuwait zwangen, ihn aber nicht stürzten, nutzte der Diktator die Gelegenheit, sich an den Schiiten des Südirak, die sich in Erwartung seines Sturzes gegen das Ba'th-Regime erhoben hatten, blutig zu rächen. Mit Luftangriffen, bei denen die Schreine der Imame schwer beschädigt wurden, und mit Massenhinrichtungen wütete Saddâm im Süden des Landes. Die weitverzweigte Familie as-Sadr setzte den Widerstand fort; 1999 kam es erneut zu einem bewaffneten Aufstand der Schiiten, als Saddâm einen Vetter as-Sadrs, den Âyatollâh Muhammad Sâdiq as-Sadr, mit zweien seiner Söhne umbringen ließ. Ein überlebender dritter Sohn, der junge Muqtadâ as-Sadr, führt gegenwärtig die radikalen, militanten Kräfte an. Die von ihm aufgestellte «Armee des Mahdi» liefert sich Gefechte mit der amerikanischen Besatzungsmacht, vor allem in Nadschaf, wo Muqtadâ as-Sadr zunächst sein Hauptquartier hatte, und in der nach seinem Vater benannten Bagdader Trabantenstadt Madînat as-Sadr (Sadr City, vormals Saddam City). Diese etwa zwei Millionen Einwohner oder mehr zählende Stadt, die fast ausschließlich von Schiiten bewohnt wird, die während der beiden Golfkriege 1980–1988 und 1991 aus dem Süden des Landes geflüchtet waren, ist neben dem nördlichen Vorort al-Kâzimiyya – mit den Schreinen des 7. und 9. Imams – die Hochburg der Schiiten in der Hauptstadt, in der sie mittlerweile bereits die Mehrheit der Bevölkerung stellen dürften.

Gegenspieler des militanten Muqtadâ as-Sadr ist das unangefochtene geistliche Oberhaupt der *hauza* von Nadschaf, Âyatollâh 'Alî as-Sîstânî (geb. 1930), ein gebürtiger Iraner, der aber das Erbe seines Lehrers al-Chû'î (gest. 1992) im Irak antreten konnte. As-Sîstânî hatte zwar den von den USA eingesetzten Regierungsrat wie auch die Übergangsregierung im Mai 2004 zunächst als nicht gewählt für illegitim erklärt. Doch nachdem es in Nadschaf zu schweren Kämpfen zwischen Muqtadâ as-Sadrs «Armee des Mahdi» und von den Amerikanern unterstützten irakischen Regierungstruppen gekommen war, konnte as-Sîstânî einen Waffenstillstand vermitteln, aufgrund dessen as-Sadr und seine Kämpfer am 27. August 2004 den von ihnen besetzten Schrein ʿAlîs räumten und die Stadt verließen. Bei den ersten freien Wahlen am 27. August 2004 unterstützte der Groß-Âyatollâh das überwiegend schiitische Parteienbündnis der *Vereinigten Irakischen Allianz,* das mit 48 % der Stimmen die Wahl gewann. Der erste Ministerpräsident des neuen Irak, 'Iyâd al-'Alawî (2004–2006), war zwar Schiit, konnte allerdings als Säkularist nicht auf die Unterstützung der Geistlichkeit rechnen. Anders sein Nachfolger Nûrî al-Mâlikî (2006–2014), der in enger Anlehnung an Iran einen betont proschiitischen Kurs steuerte, dadurch die Sympathien der sunnitischen Minderheit verspielte und dem Siegeszug der sunnitischen Terrorarmee des *Islamischen Staats* im West- und Nordirak den Boden bereitete. Bei dem erzwungenem Rückzug al-Mâlikîs hat – neben dem Druck der USA – wiederum die Stellungnahme des Groß-Âyatollâhs as-Sîstânî eine nicht unerhebliche Rolle gespielt. Vom neuen Ministerpräsidenten Haidar al-Abadi (korrekt: al-ʿIbâdî) wird ein Kurs erwartet, der die Sunniten wieder mit der Zentralregierung in Bagdad versöhnt.

Ausblick

Die führende politische Rolle der Geistlichen hat bei den Schiiten des Libanon und des Irak andere Ursachen als beim iranischen Klerus. Im Südlibanon wie im Südirak leben die Schiiten in unterentwickelten ländlichen Gebieten; hier sind die Geistlichen oft die einzigen «Studierten» und damit zur Rolle der intellektuellen Führer und Vorkämpfer besonders prädestiniert. Hinzu kommen ihre nützlichen internationalen Verbindungen. Es sei daran erinnert, daß im 16. Jahrhundert Gelehrte aus dem Libanon maßgeblich an der Schiitisierung Irans beteiligt gewesen waren; nicht wenige iranische Mollâ-Familien sind sich ihrer arabisch-libanesischen Herkunft noch voller Stolz bewußt. Zudem zeichnen sich die schiitischen Geistlichen durch einen hohen Grad an Mobilität aus; an den höheren Lehrinstituten bei den großen Schreinen und Pilgerzentren, vor allem in Nadschaf, Kerbelâ, Maschhad und Qom, erhalten Studenten aus aller Welt ihre Ausbildung, studieren gemeinsam, schließen Freundschaften und heiraten oft auch in örtliche Gelehrtenfamilien ein. Die schiitischen Gelehrten *(al-ʿulamâ)* bilden so über die Staatsgrenzen hinweg ein dicht verflochtenes Netzwerk, das bei Bedarf auch politisch genutzt werden kann.

Sozialer Protest, politischer Widerstand, Revolution, Separatismus, die Forderung nach Teilhabe an der Macht, auch das Streben nach regionaler Hegemonie – all das kann sich in Formen artikulieren, die der schiitischen Tradition entlehnt sind. Die religiöse Überlieferung der Schiiten bietet zahlreiche Muster und Modelle von Leiden, Auflehnung und Aufopferung, die sich leicht aktualisieren lassen und die gegenüber den herkömmlichen Revolutionsideologien westlicher Provenienz nicht nur den Vorteil haben, vom Händler im Bazar und vom Bauern im kleinsten Dorf verstanden zu werden, sondern die auch etwas Eigenes, nicht Importiertes sind, auf das man sich im Kampf um Gerechtigkeit – das ist einer der Grundwerte des Islam – berufen kann. In der Verheißung der Wiederkehr des Verborgenen Imams, der das Reich der Gerechtigkeit auf Erden errichten wird, verfügt die Schia über eine mächtige Utopie, die sich zur politischen Mobilisierung nutzen läßt.

Anteil der Zwölfer-Schiiten an der Bevölkerung islamischer Länder (geschätzt)

	Mio.	Prozent
Iran	68	89
Pakistan	18–36	10–20
Irak	18	60
Indien	16–24	10–15
Aserbeidschan	8	85
Afghanistan	6	20
Saudi-Arabien	3–4,5	10–15
Libanon	1,5	30
Kuwait	1	35
Bahrain	0,85	70
Syrien	0,4	2

Die Gesamtzahl dürfte über 140 Millionen Menschen betragen.

Literaturhinweise

Adjami, Fouad: *The Vanished Imam. Musa al Sadr and the Shia of Lebanon.* London 1986.

Akhavi, Shahrough: *Religion and Politics in Contemporary Iran. Clergy-State Relations in the Pahlavi Period.* Albany 1980.

Algar, Hamid: *Religion and State in Iran 1785–1906. The Role of the Ulama in the Qajar Period.* Berkeley/Los Angeles 1969.

Arjomand, Said Amir: *The Shadow of God and the Hidden Imam. Religion, Political Order, and Societal Change in Shi'ite Iran from the Beginning to 1890.* Chicago 1984.

Ayoub, Mahmoud: *Redemptive Suffering in Islam. A Study of the Devotinal Aspects of ‹Ashura› in Twelver Shi'ism.* Den Haag 1978.

Brunner, Rainer/Ende, Werner (Hrsgg.): *The Twelver Shia in Modern Times.* Leiden 2001.

Buchta, Wilfried: *Schiiten.* Kreuzlingen/München 2004.

Chelkowsky, Peter J. (Hrsg.): *Ta'ziyah: Ritual and Drama in Iran.* New York 1979.

Cole, Juan R. I./Keddie, Nikki R. (Hrsgg.): *Shi'ism and Social Protest.* New Haven 1986.

Halm, Heinz: *Die Schia.* Darmstadt 1988. (Engl.: *Shiism*, Edinburgh/New York ²2004.)

– *Der schiitische Islam. Von der Religion zur Revolution.* München 1994.

Hasnain, Nadeem/Husain, Abrar: *Shias and Shia Islam in India.* New Delhi 1988.

Kohlberg, Etan: *Belief and Law in Imami Shi'ism.* Hamshire/Brooksfield 1991 (*Variorum Reprints*, 17 gesammelte Aufsätze).

Kramer, Martin (Hrsg.): *Shi'ism, Resistance, and Revolution.* London 1987.

Momen, Moojan: *An Introduction to Shi'i Islam. The History and Doctrines of Twelver Shi'ism.* New Haven 1985.

Monchi-Zadeh, Davoud: *Ta'ziya. Das persische Passionsspiel.* Stockholm 1967.

Mottahedeh, Roy: *Der Mantel des Propheten oder Das Leben eines persischen Mullah zwischen Religion und Politik.* München 1987.

Müller, Hildegard: *Studien zum persischen Passionsspiel.* Freiburg i.Br. 1966.

Nakash, Yitzhak: *The Shi'is of Iraq,* Princeton 1994.

Pinault, David: *The Shiites. Ritual and Popular Piety in a Muslim Community.* London 1992.

Pohl-Schöberlein, Monika: *Die schiitische Gemeinschaft des Südlibanan (Ǧabal 'Āmil) innerhalb des libanesischen konfessionellen Systems.* Berlin 1986.

Richard, Yann: *Die Geschichte der Schia in Iran. Grundlagen einer Religion.* Berlin 1983.

Rieck, Andreas: *Die Schiiten und der Kampf um den Libanon. Politische Chronik 1958–1988.* Deutsches Orient-Institut Hamburg, Mitteilungen, Band 33, 1989.

Roemer, Hans Robert: *Persien auf dem Weg in die Neuzeit. Iranische Geschichte von 1350–1759.* Stuttgart/Beirut 1989.

Sachedina, Abdulaziz A.: *Islamic Messianism. The Idea of the Mahdi in Twelver Shi'ism.* Albany 1981.

– *The Just Ruler (as-sultân al-'âdil) in Shi'ite Islam. The Comprehensive Authority of the Jurist in Imamite Jurisprudence.* Oxford 1988.
Schmidtke, Sabine: *The Theology of al-'Allâma al-Hillî (d. 726/1325).* Berlin 1991.
Shaykh al-Mufid: *Kitab al-Irshad. The Book of Guidance into the Lives of the Twelve Imams*, engl. von I. K. A. Howard. Horsham/London 1981.
Taheri, Amir: *Chomeini und die Islamische Revolution.* Hamburg 1985.
Tellenbach, Silvia: *Untersuchungen zur Verfassung der Islamischen Republik Iran vom 15. November 1979.* Berlin 1985.
Yousefi, Hamid Reza (Hrsg.): *Der tragische Märtyrertod des Imam Hussein.* Überliefert von Abu Michnaf. Übersetzt von H. F. Wüstenfeld (1882). Würzburg 2017.

Abbildungsnachweis

Abb. 1: Iranische Lithographie des 19. Jahrhunderts.
Abb. 2: Aus der persischen Passionsgeschichte *Zubdat al-Masâ'ib.*
Abb. 3: Aus H. Brugsch: *Reise der K. Preussischen Gesandtschaft nach Persien 1860 und 1861.* Leipzig 1863

Hinweise zur Aussprache

Die arabischen Namen und Begriffe werden so wiedergegeben, daß der deutsche Leser sie einigermaßen richtig aussprechen kann. Der Zirkumflex bezeichnet stets lange Vokale; hat das Wort nur einen langen Vokal, so trägt dieser in der Regel die Betonung. Das *r* steht für das gerollte Zungenspitzen-*r*, während mit *gh* das deutsche Zäpfchen-*r* wiedergegeben wird; *k* entspricht dem deutschen *k*, während *q* ein kehliges, dunkles *k* (nicht *qu*!) bezeichnet; *ch* lautet wie das harte deutsche *ch* in «Bach»; *th* entspricht dem englischen *th* wie in «thing», *dh* dem englischen stimmhaften *th* wie in «the»; *s* ist immer stimmlos wie das deutsche *ss*, auch am Wortanfang, *z* dagegen immer stimmhaft wie in «Sonne». Das *h* ist immer ein hörbarer Konsonant und kein Dehnungsbuchstabe (z. B. in «Mahdi»). Der Apostroph ' bezeichnet einen Stimmabsatz (wie in «See'ufer»), während ' ein für Nichtaraber schwer aussprechbarer, stimmhafter Knarrlaut ist; da es ein Konsonant ist, sind Wörter wie «Ka'ba» oder «San'â» zweisilbig. In persischen Wörtern und Namen entspricht *ž* dem französischen *j* in «journal».

Personenregister